엄마 아빠와 요리로 대화하는
놀이Cook 요리Cook

2015년 4월 5일 초판 발행

발행처 | 도서출판 미림원
발행인 | 김정태
저자 | 한인경 이윤선 임윤희 강근영 김경은 신혜원

주소 | 서울시 광진구 자양동 617-21
전화 | 02-2244-4266
팩스 | 02-446-4288

등록번호 | 제 2007-36호
정가 | 19,800원

ISBN 978-89-94204-35-2 13590
이 책의 내용을 출판사의 서면동의 없이 무단전재 · 복제를 금합니다.

엄마 아빠와 요리로 대화하는
놀이 Cook 요리 Cook

미림원

이 책을 펴내며

　아동요리에 대한 관심이 높아지면서 아동요리교육의 필요성과 아동요리를 통한 넓은 의미의 통합적 교육이 다양한 형태와 방법으로 이루어지고 있고 그에 따른 아동요리의 교육적 효과와 가치에 대해서도 많은 성과와 결과물들이 발생하고 있습니다.

　아동요리란 단순하게 아동과 함께 요리를 하고 음식을 만들어서 먹는 것 뿐만 아니라 아동들과 함께 식재료를 준비하는 단계에서부터 조리과정, 음식의 완성단계까지 요리라는 매개체를 통하여 아동의 영양과 건강은 물론 아동발달에 필요한 여러 가지 교육들을 포함하게 됩니다. 예를 들어 사회성이나 인지발달·정서발달·언어발달·오감발달과 미각교육·안전교육 등 신체발달영역과, 어른공경과 같은 예절교육·생활습관개선교육·식물재배를 통한 자연학습과, 환경보호 등 아동발달의 전 영역에 걸쳐 내적·외적 발달을 돕는 중요한 교육의 일부분이 되었습니다.

　요리는 누가 가르쳐주지 않아도 아동들은 소꿉놀이하는 과정에서 자연스럽게 엄마의 모습을 모방하고 싶어하는 욕구를 보이게 되고 요리를 놀이로 받아들인다는 관점에서 학습으로 확장시켜 지도할 수가 있습니다. 오감을 자극시켜 창의력을 발달 성장시키고, 대근육 운동에서 소근육 운동으로 근육을 섬세하게 사용할 수 있게 하고 집중할 수 있게 해서 정서적인 감성발달에 도움을 주며 수학적이고, 과학적, 주관적, 논술적 개념을 첨가하여 기초 학습능력과 지적능력을 기를 수 있습니다.

　최근에 가장 인기있는 강좌중의 하나가 아동요리부분으로 방과후 요리교실, 문화센터, 도서관 등에서 진행되고 있지만 '어떻게 접근해야 할지? 어떻게 진행하여야 할지?' 실제로 궁금증을 해소할 수 있거나 참고할 만한 교재나 자료가 서점이든 도서관에 충분하지 않은게 현실이기도 합니다. 그래서 본 교재에서는 누구나 공감하는 여러 가지 염려와 고민들 즉, '아동에게 요리를 가르친다고? 칼이랑 불을 사용해서? 위험하지는 않을까? 무엇을 어떻게 가르칠까? 요리를 통해 교육적인 효과를 얼마나 줄 수 있을까?' 이런 의문점들을 해소하는데 조금이나마 도움이 되고자 요리를 놀이의 한 부분으로서 모든 어린이들이 신나고 흥미롭게 참여함으로써 자신감과 자존감, 성취감 몰입을 경험할 수 있도록 아동의 발달단계에 따른 연령별 특성과 아동의 바람직한 식생활과 영양을 고려해서 간단하지만 흥미를 끌 수 있는 요리와 요리 지도 방법 등을 구체적으로 제시해 주고자 노력하였습니다. 그래서 모든 어린이들이 선생님과 또는 가족들이나 친지들과 함께 조금 더 쉽게 접근할 수 있도록 하여 아동요리는 복잡하고 어려운 과정이 아닌 누구나 함께 놀이로 참여할 수 있도록 책을 구성하였습니다.

전반부에서는 아동요리활동에 필요한 사전 지식으로 아동요리의 개요, 아동요리의 교육적 가치, 아동요리활동의 기본방향, 아동발달이론과 함께 아동요리활동의 실제부분에서는 요리활동에 대한 지도와 방법 등을 아이들의 교육별 장르별로 구분하여 요리재료, 도구 및 요리활동의 순서를 포함하여 아동들과의 상호작용에 관한 내용으로 구성하였습니다.

후반부에서는 요즈음 민간자격증으로 수요와 공급이 증가하고 있는 아동요리지도사 자격증 부분으로 필기시험과 실기시험 부분 내용을 담아서 자격시험을 준비하는 여러분들에게 도움이 되고자 하였습니다.

여러번의 교정을 보았지만 아직도 부족한 부분이 있으므로 여러분들의 고견을 수용하고 추후 보다 나은 지침서로 계속 보완해 나가고자 합니다.

끝으로 우리의 희망이며 미래세대의 주인공인 우리 어린이들이 밝고 맑은 사회에서 아름답게 성장할 수 있기를 소망하며 아동요리와 관련된 많은 부분에서 더 많은 연구와 발전이 있기를 기원합니다.

그동안 책이 출판되기까지 도움을 주신 도서출판 미림원 관계자 분들과 여러분들에게 감사의 인사를 드립니다.

저자 올림

차례

Chapter 01 아동요리이론

- Ⅰ 아동요리의 개요 ·· 12
  - ① 아동요리 ·· 12
- Ⅱ 아동요리의 교육적 가치 ·· 13
  - ① 교육적 기능 ·· 13
  - ② 진단적 기능 ·· 14
  - ③ 힐링순화의 기능 ··· 14
  - ④ 재배와 체험을 통한 식습관고정 및 생활습관개선의 기능 ······· 15
  - ⑤ 편식교정 기능 ··· 15
- Ⅲ 아동요리활동의 기본방향 ·· 16
- Ⅳ 아동발달이론 ·· 17
  - ① 아동발달이론 ·· 17
  - ② 아동의 연령별 특성 ··· 18
  - ③ 아동발달 단계에 따른 요리지도방법 ······························· 18
  - ④ 아동요리지도의 원리 ··· 19
  - ⑤ 효과적인 요리활동 ··· 19
- Ⅴ 요리활동에 필요한 도구 ·· 20
- Ⅵ 미각교육 ·· 23
  - ① 미각교육이 필요한 이유 ·· 23
  - ② 미각교육의 방법 ··· 23
  - ③ 미각테스팅(오감으로 느끼는 미각체험) ····························· 23
  - ④ 미각테스팅의 실제 ··· 24

Chapter 02 아동요리활동의 실제

01 오감자극, 언어발달교육

1. 새콤달콤 오미자 과일화채 ············· 30
2. 톡톡 날치알 스파게티 ················· 32
3. 알록달록 모듬피클 ····················· 34
4. 무지개 바나나전 ······················· 36
5. 상큼상큼 과일비빔밥 ··················· 38
6. 아삭아삭 채소 프리타타 ··············· 40

02 집중력, 소근육 발달교육

1. 바삭바삭 멸치견과류 주먹밥 ··········· 44
2. 꼴깍 돼지고기 가지찜 ················· 46
3. 키다리 골고루 꼬치 ··················· 48
4. 곰돌이 닭가슴살 스테이크 ············· 50
5. 난쟁이 미니핫도그 ····················· 52
6. 돌돌 과일롤케이크 ····················· 54
7. 냠냠 스틱바 ··························· 56

03 수학, 과학의 기본원리교육
1. 눈꽃나라 우유빙수 ······ 60
2. 말랑말랑 검은콩 두부젤리 ······ 62
3. 몽글몽글 리코타 치즈 ······ 64
4. 하얀나라 양배추 김치 ······ 66
5. 영양채소밥 ······ 68

04 올바른 식습관(편식예방) 교육
1. 꼬물꼬물 파르리카밥전 ······ 72
2. 간장떡볶이 ······ 74
3. 쫄깃쫄깃 표고버섯탕수 ······ 76
4. 백색미인 우유사과 카레라이스 ······ 78
5. 콩나라 두부과자 ······ 80

05 재배를 통한 자연교육
1. 방울토마토 키우기 ······ 84
2. 땡글땡글 고구마치즈 방울토마토 샐러드 ······ 86
3. 콩나물 재배 ······ 88
4. 길쭉길쭉 소고기 콩나물밥 ······ 90

06 사회성, 생활습관 교육
1. 비타민 수제비 ······ 94
2. 버섯나라 피자왕 ······ 96
3. 옹기종기 우리가족 과자집 ······ 98
4. 둥실둥실 파인애플보트 볶음밥 ······ 100
5. 방긋방긋 우리가족 컵케이크 ······ 102

Chapter 03 아동요리지도사 실기
1. 킹왕짱 강정 ······ 106
2. 꽃절편 ······ 108
3. 공모양 경단 ······ 110
4. 월남쌈 ······ 112
5. 채소찐빵 ······ 114
6. 유부주머니밥 ······ 116
7. 동글동글 미역국 ······ 118
8. 두부 스테이크 ······ 120
9. 꼬마김밥 ······ 122
10. 감자버거 ······ 124
11. 어묵꼬치 ······ 126
12. 꽃만두 ······ 128
13. 생선살 치즈볼강정 ······ 130
14. 영양짱 잡채 ······ 132
15. 뛰뛰빵빵 샌드위치 ······ 134
16. 단호박 달걀찜 ······ 136
17. 연근조림 ······ 138
18. 닭가슴살 떡갈비 ······ 140
19. 어묵 커틀렛 ······ 142
20. 초콜릿 퐁듀 ······ 144
21. 새우달걀찜 ······ 146
22. 무 깍두기 ······ 148

Chapter 04 아동요리지도사 필기
아동요리지도사 ······ 153
아동요리지도사 자격 필기시험 1 ······ 154
아동요리지도사 자격 필기시험 2 ······ 161
아동요리지도사 자격 필기시험 3 ······ 168
아동요리지도사 자격 필기시험 4 ······ 175

부록
똑똑 요리왕상 | 바른 식습관상 | 꼬마농부 요리왕상 | 더불어 요리왕상

Chapter 01
아동요리이론

Ⅰ 아동요리의 개요

1 아동요리

　아동요리(kids Cooking)란 아동요리지도, 아동요리교육 이라고도 하며 요즈음은 점차 넓은 의미의 통합적인 교육을 포함하고 있다. 아동요리는 아동에 대한 다양하고 충분한 기초지식을 바탕으로 요리라는 매개체를 통하여 아동의 영양, 건강은 물론 아동 발달에 필요한 여러 가지 능력을 발달시킬 수 있다. 즉 사회성·인지·정서·언어·안전 등 신체발달영역과, 건강·영양 및 예절 등 생활습관교육과, 식물재배를 통한 자연학습과 환경보호 등 아동발달의 전 영역에 걸쳐 신체적·정신적 발달을 돕는다.

　아동요리활동의 실제에 있어서 보편적으로 아동들이 요리활동을 한다고 하면 대부분의 어른들은 어떻게 어디서부터 아이들과 함께 요리를 시작해야 하고 지도해야 하는지 걱정스러움과 번거로움에 호기심 가득한 아이들을 제지하기도 한다. 하지만 아동들은 어른들의 요리하는 모습을 동경의 대상으로 바라보며 함께 참여하고 싶어 한다. 아동들이 관심있어 하고 흥미로워하는 요리활동을 선생님이나 어른들과 함께 놀이의 한 부분으로 교육적 부분을 추가하여 시행을 한다면 아동들의 교육현장에서의 통합적 접근을 가능케 한다. 요리활동을 통해 식재료를 선택, 준비하고, 재료 다듬기와 씻기, 썰기, 음식 만들기를 함께 하면서 이야기를 나누며 요리를 완성해 가는 과정에서 자신감과 성취감을 갖게 해주고 살아있는 현장교육의 체험을 통해 오랫동안 기억에 남는 많은 교육적 효과를 거두게 된다. 재료의 준비과정에서부터 조리완성과정까지 수학적·과학적 개념들을 자연스럽게 학습하게 되고 또한 완성된 음식을 그릇에 적당한 양을 덜어서 예쁘고 정성스럽게 담아보면서 맛과 모양에 맞는 독특한 이름을 붙여보기도 하고 맛을 여러 가지 방법으로 표현하다 보면 어휘력의 향상과 함께 다양한 경험을 통해 미각과 시각을 발달시킬 수 있다. 식재료 부분에 있어서는 식재료를 만져 보면서 고유의 질감들을 느껴보는 과정에서 촉각과 근육을 발달시키고 식재료의 종류별로 냄새를 맡아보고 소리를 들어보면서 후각과 청각을 향상

시킨다. 이렇게 선생님이나 어른들과 함께 요리를 만들어가는 과정에서의 집중력과 자신만의 독특한 창의력을 향상시키며 다양한 식재료를 손으로 만지고 만들어 봄으로써 새로운 음식에 대한 두려움과 경계심이 사라져 편식을 교정하고 올바른 식습관을 형성할 수 있게 된다.

조리과정이 모두 끝나고 아이들과 함께 식탁을 차리고, 어른들과 식사를 하면서 어른을 공경하는 마음과 예절을 자연스럽게 배울 수 있는 기회가 된다. 또한 식사 후에는 어른들이 아이에게 "맛있게 먹었다"거나 "고맙다"는 표현을 하여 자신감과 자부심을 심어주게되고 편식지도와 감사의 마음에 대해 알려주는 자연스러운 교육이 된다. 또한 설거지도 함께 하면서 그릇을 조심히 다루게 하여 집중력과 함께 눈과 손의 협응력을 길러주고 음식물쓰레기가 발생하지 않도록 어른들이 솔선수범하고 음식물쓰레기와 일반쓰레기의 분리수거 등을 통하여 환경학습으로도 연결시킬 수 있다.

아동들에게 있어서 요리활동은 흥미와 동기유발의 가장 자연스럽고 광범위한 통합적 교육방법이며 아동발달에 중요한 교육적 기능을 수행한다.

Ⅱ 아동요리의 교육적 가치

1 교육적 기능

❶ 탐구능력을 발달시켜준다.
- 요리활동은 다른 어떤 아동교육 보다 창의적 사고가 필요하며 결과물이 보다 독창적이며 질적으로 우수한 사고를 산출하는데 효과가 있다.

❷ 이해가 빨라지고 학습에 대한 흥미가 높아진다.

❸ 기초학습능력이 길러진다.
- 말하기, 읽기, 쓰기, 숫자의 개념과 셈하기를 배울 수 있다.

❹ 상대방에 대한 배려하는 마음을 갖게 된다.

❺ 요리가 완성되기까지 자신이 전 과정을 주도 하므로 자기주도적 학습능력을 갖게 되고 성취감을 높여 자신감을 길러준다.

❻ 요리활동에서의 팀 활동으로 성실성과 협동심을 길러 준다.

❼ 요리를 통한 결과물이 다양하게 나타나므로 창의력을 키워줄 수 있다.

❽ 오감을 자극한다.
  - 시각, 청각, 후각, 미각, 촉각 등 5가지 감각을 모두 만족시켜 준다.

❾ 요리작품을 통하여 자신의 감정과 느낌 등을 표현하므로 아동들의 감정상태를 파악하는데 도움이 된다.

❿ 요리재료를 미술의 재료로 사용함으로써 미적감각을 향상시키게 된다.

② 진단적 기능

❶ 요리활동을 통해 아동의 신체적 발달수준을 측정할 수 있다.

❷ 요리활동을 통해 아동의 언어능력 수준을 측정할 수 있다.

❸ 요리활동을 통해 아동의 지적능력 수준을 측정할 수 있다.

❹ 요리활동을 통해 아동의 사회적 능력 수준을 측정할 수 있다.

❺ 요리활동을 통해 아동의 정서 상태를 측정할 수 있다.

❻ 요리활동 자체가 아동의 신체적, 정신적인 다양한 측정이 될 수 있다.

③ 힐링 순화의 기능

❶ 요리활동을 통해 자신의 불만스러움을 표현함으로써 문제의 불안과 긴장을 해소시켜 준다.

❷ 상상력, 창의력 등 다양한 표현능력을 향상시킨다.

❸ 발표력을 향상시킨다.

❹ 정서발달에 도움이 된다.

❺ 스트레스 해소의 역할을 한다.

❻ 산만한 아이들이 정서적으로 안정감과 집중력을 높일 수 있도록 해준다.

❼ 자신의 창작품을 통해 자아존중감과 정서 순화에 도움을 준다.
❽ 무엇보다도 흥미를 가지고 아동들 스스로가 참여하기 때문에 타 학습에 미치는 효과도 매우 긍정적이다.

④ 재배와 체험을 통한 식습관 교정 및 생활습관 개선의 기능

❶ 아동 스스로 재배와 체험을 통해 식재료에 대한 경계심이나 거부감이 없어진다.
❷ 스스로 직접 재배한 채소와 과일섭취를 통하여 균형잡힌 식생활이 가능하다.
❸ 환경 친화적 식재료를 사용할 수 있다.
❹ 스스로 움직이면서 자연스럽게 운동하는 생활습관이 형성된다.
❺ 체험과정을 통해 음식을 만들어준 사람들에 대한 수고와 감사의 마음을 가지게 된다.
❻ 즐거운 마음으로 식사시간을 기다리게 된다.
❼ 친환경적 식생활과 쓰레기 분리수거 및 재활용 등 자연환경에 대해 학습하는 기회가 된다.

⑤ 편식교정 기능

❶ 아이들이 좋아하는 조리방법을 이용하여 편식을 교정한다.
❷ 색을 이용하여 편식을 교정한다. - 싫어하는 야채를 이용하여 놀이도구로 사용
❸ 대화를 이용하여 편식을 교정한다. - 운동습관, 식습관, 행동습관, 칭찬과 용기, 동화책을 이용
❹ 식욕을 이용하여 편식을 교정한다.
❺ 식품첨가물을 이용하여 편식을 교정한다.
❻ 역할극을 통하여 편식을 교정한다. - 야채나라공주, 우유왕자 등
❼ 식사일지를 작성하여 잘 먹은 날에는 스티커를 이용하여 칭찬을 해준다.
❽ 놀이와 영양교육을 활용하여 편식을 교정한다.

Ⅲ 아동요리활동의 기본 방향

첫째 : 안전성이 고려되어야 한다.
요리도구의 위생적, 안전한 관리가 이루어져야 하며, 개인위생의 청결 및 신선한 식재료의 구입 및 보관이 우선되어야 한다.

둘째 : 아동의 발달 수준과 건강, 영양을 고려해야 한다.
아동의 연령과 발달 수준에 따라 요리활동이 계획되고 수행되어야 하며 영양적인 측면도 고려해야 한다.

셋째 : 쉽게 접근할 수 있는 적절한 재료와 조리법 이어야 한다.
언제 어디서나 누구든 손쉽게 구할 수 있는 식재료와 간편하고 손쉬운 조리법을 선택해야 한다.

넷째 : 아동들의 능동적인 참여로 이루어져야 한다.
스스로 식재료를 만져보며 다듬고, 씻고, 썰고, 나누고, 섞는 등 스스로 참여하면서 음식에 대한 경계심이나 거부감이 없어진다.

다섯째 : 다양한 방법으로 흥미를 유발해야 한다.
아동들이 흥미를 가지고 스스로 참여할 수 있도록 하여 요리를 통한 놀이문화와 학습에 도움이 되도록 한다.

여섯째 : 교사의 적절한 지도가 필요하다.
아동들이 요리과정에서 결과에 치우치기 보다는 과정을 강조하고 다양한 방법의 확산적 사고를 통해 스스로 문제를 해결할 수 있도록 교사의 적절한 유도와 지도가 필요하다.

Ⅳ 아동발달 이론

① 아동발달 이론

발달은 인간이 수정되는 순간부터 사망할 때 까지 전 과정을 통해 겪게 되는 변화를 의미하며 이 과정은 구조적으로나 기능적으로 향상하고 증가하는 측면뿐만 아니라 연령의 증가와 함께 그 구조의 기능이 쇠퇴하고 감소하는 측면을 모두 포함한다.

❶ 발달은 일정한 순서에 따라 이루어진다.
❷ 발달은 계속적인 과정이지만 발달의 속도는 일정하지 않다.
❸ 발달에는 개인차가 있다.
❹ 발달의 각 영역은 상호 밀접한 관련이 있다.
❺ 발달의 초기 단계는 일생에서 가장 중요한 시기이다.
❻ 발달은 안전과 환경의 상호작용에 의해 이루어진다.

- **성숙이론** : 성숙이론에서는 인간발달의 과정이 유전적으로 결정되어 있다고 보는 이론
- **정신분석이론** : 정신이 인간행동의 기초가 된다는 가정하에 인간에게 내재되어 있는 본능적 욕구와 사회적 관계에서 갖게 되는 갈등에 초점을 두고 성격발달과의 관계에 대한 이론   예) Fleud(1856~1939)의 심성적 이론
- **학습이론** : 행동주의 이론으로 인간의 모든 행동이 학습과 경험에 의한 것으로 학습원리에 의한 관점에 대한 이론
- **인지발달이론** : 아동의 지능발달과 사고과정에 관한 이론으로 지능의 기능적 측면과 구조적 측면을 설명하고 어떻게 아동이 지식을 획득하고 사용하는가에 대한 이론
- **동물행동학이론** : 인간의 발달을 진화론적 관점에서 보는 이론

② 아동의 연령별 특성

- **신생아 · 영아기의 발달 특성**

  영아기의 신체운동 발달, 인지발달, 언어발달, 사회 정서발달

  예) 반사운동, 감각발달, 대근육 · 소근육 기능발달

- **유아기의 발달특성**

  만 3세에서 5세까지의 시기로 탐구, 실험, 관찰을 통해 학습 · 신체운동 발달

  다양한 신체활동을 통한 운동기능발달, 인지발달, 언어발달, 사회정서발달

- **아동기의 발달특성** : 만 6세에서 12세까지의 시기로 자아정체감을 세우고 또래관계를 형성하며 아동들이 자신과 세계에 대한 정보를 얻도록 도와주며 꾸준한 속도의 신체발달이 이루어진다. 그리고 이 시기에는 아동기와 청소년기를 이어주는 다리역할을 한다.

③ 아동발달 단계에 따른 요리지도방법

- **요리를 통한 놀이가 필요한 영아기(1~2세)** : 신체기능을 발달시키는 오감자극, 대근육, 소근육, 협응력, 균형감각을 기르는 측면에서 요리재료를 가지고 놀이 활동에 적용

- **요리를 통한 기초학습이 필요한 아동기(3~5세)** : 언어구사력이나 사고력을 어느 정도 기대할 수 있기 때문에 요리활동을 통한 신체기능발달, 수학, 미술, 과학, 성취감, EQ, 사회성을 높이는 활동에 적용

- **요리를 통한 학습능력이 필요한 유아기(6~7세)** : 신체기능 정교화, 수학, 미술, 과학 등의 학습능력을 높이고 예절, 바른생활, 청결의식을 높이는 활동에 적용

- **요리를 통한 고차원적인 사고능력이 필요한 초등기(8세 이후)** : 요리활동을 통한 창의력, 탐구력, 어휘력을 높이는 고급 활동에 적용

4 아동요리지도의 원리

● **아동요리 지도과정**

① 요리활동의 주제를 선정
② 요리활동의 제목 설정
③ 요리활동을 계획
④ 요리재료와 조리방법을 선택
⑤ 안정된 분위기 조성
⑥ 요리활동의 목적이나 원리 제공
⑦ 만드는 방법 설명
⑧ 만드는 과정에 질문을 적극 활용
⑨ 표현의 격려와 개성을 존중
⑩ 정리하기

5 효과적인 요리활동

① 아이들 눈높이에 맞는 메뉴 준비하기 : 아이들의 연령과 환경, 활동목표에 맞는 메뉴를 선택하여 준비한다.
② 아이들이 자발적으로 참여할 수 있도록 유도하고 질문에 친절하게 답하면서 충분한 상호작용이 이루어지도록 해야 교육의 효과가 극대화 된다.
③ 아이들과 요리를 할때 가장 최우선적으로 고려해야 할 점이 안전과 위생이므로 각별히 신경써야 한다.
④ 도구의 쓰임새와 계량법에 대해 정확하게 알려주어 훈련이 되도록 지도한다.
⑤ 아이들 요리에는 정답이 없으므로 아이들이 생각이나 느낌을 표현하고자 할 때 이를 도와주고 격려하는 안내자 역할을 해야 하며 아이들의 독창적 표현이나 개성을 존중해주고 아이들에게 칭찬을 아끼지 않는다.

Ⅴ 요리활동에 필요한 도구

도마와 식도

도마와 칼

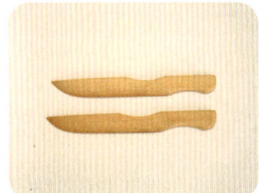
대나무 칼

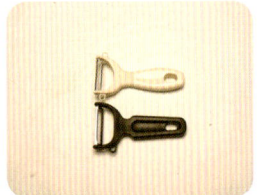
감자칼, 필러

휴대용 가스렌지

냄비

프라이팬

주전자

대나무 찜기

채반

체, 건짐망

구멍국자

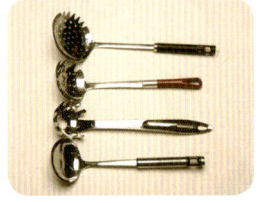
국자

뒤집게

나무주걱

아동요리 이론 21

젤리, 양갱틀

숫자찍기, 모양틀

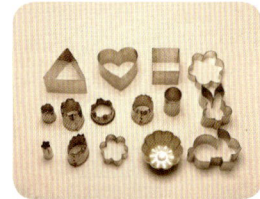
모양찍기

포장용기와 스티커

냅킨, 컵받침

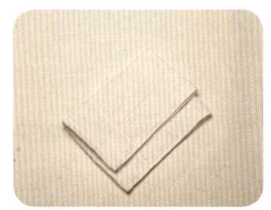
면행주

키친타올

오븐장갑

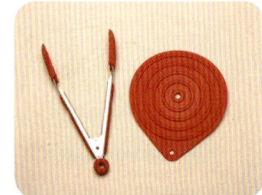
집게, 냄비받침

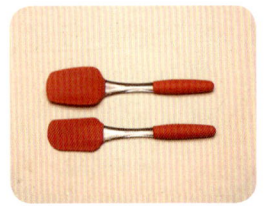
알뜰주걱

김발

밀대

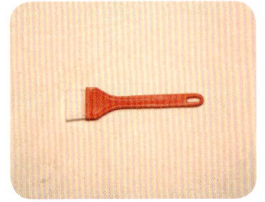
김솔

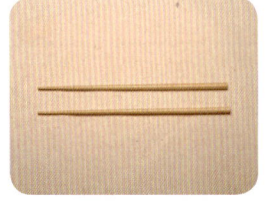
나무젓가락

깔데기

Ⅵ 미각교육

입맛이 형성되기 이전의 어린이들에게 미각형성에 맞추어 맛에 대한 민감성을 기르고, 식품자체의 맛을 긍정적으로 인식함으로써 미각을 발달시키고 자신의 감각과 미각을 정확하게 표현하도록 훈련시키는 과정이다. 또한 식품의 특성을 알고 식품과 친숙해지며 궁극적으로는 국민건강증진과 지역농산물을 중심으로 한 친환경 먹을거리로 바꾸고자 하는 것이다. 따라서 초등학생 이전의 유아기가 미각교육에 있어 가장 중요한 시기이다.

1 미각교육이 필요한 이유

① 맛의 원리를 배운다.
② 다양한 맛을 경험한다.
③ 맛을 인지하는 혀의 부위에 대해 학습한다.
④ 식재료와 음식에 대해 정확한 정보를 알게 된다.
⑤ 생소한 음식에 대한 두려움과 경계심이 없어진다.
⑥ 음식에 대한 표현력이 풍부해지고 다양한 경험을 하게 된다.

2 미각교육의 방법

① 맛의 원리
② 오감교육(미각, 시각, 청각, 후각, 촉각)
③ 요리실습
④ 농장 등을 이용한 재배 및 체험 학습
⑤ 다양한 지역들의 음식 경험

3 미각테스팅 (오감으로 느끼는 미각체험)

① 내가 먹어 본 음식의 냄새
② 음식을 먹었을 때의 느낌, 맛
③ 내가 먹은 음식은 무엇일까?
④ 내가 먹은 실물 음식 그리기

④ 미각테스팅의 실제 (인천 S어린이집 5세 어린이들)

오감으로 느끼는 미각체험

어린이집　　　반(만5세)　성별(남 / 여)　이름 :

내가 먹어 볼 음식의 냄새			
음식을 먹었을 때의 느낌, 맛			
내가 먹은 음식은 무엇일까?			
내가 먹은 실물 음식 그리기			

오감으로 느끼는 미각체험

파란하늘반(만5세)　성별(남)/ 여)　이름 : 김아민

	파프리카	브로콜리	새송이버섯
내가 먹어 볼 음식의 냄새	로션 냄새가 나요	풀 냄새가 나고	호두냄새가 나요
음식을 먹었을 때의 느낌, 맛	싱거워요	부드럽고 달콤해요	쫀깃하고 말랑말랑해요
내가 먹은 음식은 무엇일까?	파프리카	브로콜리	버섯
내가 먹은 실물 음식 그리기			

오감으로 느끼는 미각체험

파란하늘반(만5세) 성별(남 /㉠여) 이름: 고인지

	파프리카	브로콜리	새송이버섯
내가 먹어 볼 음식의 냄새	비누냄새가 나요	브로콜리 냄새가요	약 냄새가 나요
음식을 먹었을 때의 느낌, 맛	딱딱한 피망을 먹은것 같아요	당근을 씹는것 같아요	부드러운 버섯을 먹는것 같아요
내가 먹은 음식은 무엇일까?	고기	브로콜리	계란
내가 먹은 실물 음식 그리기			

오감으로 느끼는 미각체험

파란하늘반(만5세) 성별(남 /㉠여) 이름: 윤지원

	파프리카	브로콜리	새송이버섯
내가 먹어 볼 음식의 냄새	녹차 냄새가 나요	아몬드 냄새가 나요	꽃 냄새가 나요
음식을 먹었을 때의 느낌, 맛	양파맛이나요	브로콜리같아요	부드럽지만 잘 안씹혀요
내가 먹은 음식은 무엇일까?	양파짱아치	토마토	버섯
내가 먹은 실물 음식 그리기			

아동요리 이론 25

아동요리활동의 실제

Chapter 02

아동요리활동의 실제

01

오감자극, 언어발달교육

요리활동을 통해 오감을 통한 감각적 경험과 언어발달을 촉진시킨다.

알록달록 쿵쾅쿵쾅 보고 느끼고 만져보고 이야기해 봐요

1 미각

아동들은 요리활동 과정에서 맛의 기본인 단맛, 신맛, 짠맛, 쓴맛 외에 매운맛, 떫은 맛 등을 구별하며 다양한 음식에 대한 맛과 감각을 익힌다.

2 시각

아동들은 요리에 사용되는 각종 재료들의 여러 가지 모양이나 색깔, 조리 중의 색상 변화 등에 대하여 관찰하는 능력을 키운다.

3 청각

아동들은 요리활동 중에 재료를 손질하거나 썰거나 지글지글, 보글보글 등 조리과정중에 발생하는 다양한 소리들을 듣고 표현하게 된다.

4 후각

아동들은 식재료 고유의 냄새와 조리과정 중에 발생되는 냄새들을 통하여 다양한 후각의 경험능력을 키워준다.

5 촉각

아동들은 여러 가지 재료들을 만져보고 무엇인가를 만들어 보면서 자극을 직접 피부로 느끼며 촉각능력을 향상 시킨다.

6 언어발달교육

아동들이 요리활동을 하는 과정에서 식재료를 만져보고, 관찰하고, 썰어보고, 끓여보면서 직접 냄새와 맛, 질감을 느껴보는 등의 과정에서 언어학습을 배우게 되는데 이것은 친구나 주위 어른들과 이야기를 나누고 결과물에 대해 발표하면서 새로운 용어나 어휘력 등을 배우고 향상시키게 된다.

새콤달콤 오미자 과일화채

★영양팁★
오미자는 갈증해소에 도움이 되고 배는 기침과 가래를 삭히는 성분이 있어서 감기에 효과적이다.

🧂 **재료**(10인분) 오미자차 : 말린 오미자 30g, 물 1L, 키위 2개, 배 1/2개(수박 1/10개, 포도 1/2 송이, 제철 과일), 꿀(설탕)

👨‍🍳 **필요한 도구** 체, 볼, 모양틀, 도마, 칼, 계량컵, 계량스푼, 저울

만드는 방법

1 말린 오미자를 물로 깨끗이 세척한다.

👨‍🍳 오미자를 물로 씻으며 오미자의 변화에 대해 이야기 나눈다.

🍴
- 오미자를 본적이 있나요?
- 먹어본 적 있나요?
- 오미자는 무슨 색인가요?
- 오미자는 단맛, 신맛, 짠맛, 쓴맛, 매운맛의 5가지 맛이 난다고 해서 붙여진 이름이에요.
- 오미자를 물에 담그니 물이 어떤 색으로 변했나요?

2 적당한 그릇에 오미자 30g과 물 1L를 넣고 24시간 동안 냉장실에 보관한다.

👨‍🍳 24시간이 지난 후 우려낸 오미자를 걸러서 그릇에 담으며 관찰하고 이야기 나눈다.

🍴
- 오미자를 걸러낸 것이 오미자차에요.
- 오미자차는 무슨 색일까요?
- 맛은 어떤가요?

3 기호에 따라 꿀이나 설탕을 넣어준다.

🍴
- 오미자차에 꿀을 넣으니 맛이 어떤가요?
- 오미자차로 과일 화채를 만들어 봅시다.

4 수박, 참외, 키위, 포도 등 제철 과일을 예쁘게 썰어보거나 틀에 찍어본다.

👨‍🍳 여러 가지 과일의 모양(단면, 껍질 등), 크기, 맛 등에 대해 탐색하고 모양 틀에 찍어 본다.

🍴
- 화채를 먹어본 적 있나요?
- 어떤 맛이었나요?

5 틀에 찍어낸 모양 과일을 하나, 둘씩 세어보며 그릇에 옮겨 담아 본다.

👨‍🍳 요리를 하면서 수 개념을 길러본다.

🍴 우리 한번 예쁜 과일모양이 몇 개가 있는지 세어볼까요?

6 그릇에 과일을 담고 오미자차를 부어서 먹는다.

🍴 오미자차에 과일을 담아 화채로 만드니 맛이 어떤가요?

📌 **요리팁**

☆ 완성된 오미자차에 꿀(올리고당, 메이플시럽)등을 기호에 맞게 넣어서 건강음료로 마시면 좋다.

 2 톡톡 날치알 스파게티

★영양팁★
톡톡톡!!! 씹는 맛이 좋은 날치알은 단백질과 미네랄이 풍부하여 성장기 아이들에게 좋다. 또한, 날치의 산란기는 4월 중순~10월 중순으로 겨울철에 맛이 가장 좋다.

🍳 **재료**(10인분) 스파게티면 500g, 날치알 100g, 다진 마늘 50g, 올리브오일 100ml, 소금 약간, 후춧가루 약간, 민트 약간

👨‍🍳 **필요한 도구** 냄비, 프라이팬, 도마, 칼, 체, 주걱, 계량컵, 계량스푼, 저울

만드는 방법

1 물을 냄비의 2/3 정도 넣고 물이 끓으면 스파게티면과 올리브오일을 약간 넣고 약 12분간 삶아 체에 건진다.

- 스파게티 면을 삶기 전과 후에 만져보고 느낌을 말해본다.
  - 삶기 전의 면을 만져볼까요? 느낌이 어떤가요?
  - 딱딱했던 스파게티 면이 어떻게 해서 말랑말랑 해졌을까요?
- 스파게티면과 다양한 파스타를 준비하여 이야기 나눈다.
  - 모양이 각각 다르지만 모두 파스타 종류예요.
  - 우리나라의 국수처럼 스파게티는 이탈리아의 국수 종류예요.

2 다진 마늘을 준비한다.

- 익지 않은 마늘과 익은 후의 마늘의 냄새를 맡아보고 마늘향의 변화를 느껴본다.
  - 익히지 않은 마늘의 냄새는 어떤가요?
  - 익은 후에는 어떤 냄새가 나지요?

3 프라이팬을 달군 후 올리브오일을 두르고 마늘을 먼저 넣고 볶아서 향을 낸 후에 스파게티와 날치알, 소금, 후추가루를 넣어 완성한다.

- 프라이팬에 재료를 볶을 때 어떤 소리와 냄새가 나는지 이야기를 나눈다.
  - 오일을 두른 팬에 마늘을 넣으면 향이 어떤가요?
  - 소리는 어떤 소리가 나지요?

4 접시에 3의 볶아진 스파게티를 예쁘게 담는다.

- 날치알의 영양가에 대해 이야기 나눈다.
  - 날치알을 먹으면 우리 몸 어디에 좋을까요?
  - 날치알은 단백질과 미네랄이 풍부해서 우리 친구들의 성장에 좋답니다.

요리팁
☆ 날치알의 비린 맛을 없애려면, 날치알을 물로 씻고 물기를 뺀 후 청주나 레몬즙을 뿌려 두었다가 사용하면 비린맛이 제거된다.

3 알록달록 모듬 피클

★영양팁★
여러 가지 색의 채소들 마다 각각의 비타민과 섬유질이 풍부하다. 장운동에 도움을 주는 양배추, 이뇨작용을 도와주는 오이, 비타민C가 많은 파프리카, 암예방에 도움을 주는 브로콜리 등 여러가지 비타민을 골고루 섭취할 수 있다.

재료(10인분) 양배추 1/4통(500g), 적양배추 1/6통(200g), 주황파프리카 1개(120g), 노랑파프리카 1개(120g), 오이 1개(150g), 양파 1/2개(100g), 브로콜리 1/2개(120g), 레몬 1개(100g)
단촛물(물:설탕:식초 = 2:1:1) 물 2컵, 설탕 1컵, 식초 1컵, 통후추 1큰술, 소금 1큰술

필요한 도구 도마, 칼, 냄비, 유리병, 체, 계량컵, 계량스푼, 저울

만드는 방법

1 피클을 담을 용기를 찬물에 넣어 5분 동안 끓인 후 건져 물기를 제거한다.

- 보기에는 깨끗한 병인데 왜 소독이 필요한지를 설명한다.
- 이 유리병이 깨끗한가요? 더러운가요?
- 세균은 우리 눈에 보이지는 않지만 세균을 먹게 되면 배가 아프게 돼요. 그래서 뜨거운 물로 나쁜 세균을 없애는 거랍니다.

2 단촛물 끓이기: 물2컵, 설탕1컵, 소금 1큰술을 끓이다가 설탕이 녹으면 식초 1컵과 통후추를 넣고 한번 끓여준 후 불을 끈다.

- 물, 설탕, 식초의 비율을 알려주고 직접 컵으로 개량해 본다.
- 물이 2컵일 때 설탕과 식초는 1컵이 예요.
- 물과 설탕, 식초를 컵에 담아볼까요?
- 물, 설탕, 식초, 소금의 맛을 보게 해 준 후 맛을 비교해 본다.

3 각 채소를 깨끗이 씻은 다음 물기를 없애고 채소를 먹기 좋게 한입크기로 썰어준다.

- 아이가 채소를 자를 때는 아이가 편히 썰 수 있도록 도와준다.
- 각 채소의 색을 물어보고 그 색과 같은 채소와 과일에는 무엇이 있을까요?

4 소독한 유리용기에 다듬은 야채를 넣고 단촛물을 부어준다.

- 피클을 담은 유리병에 아이 이름을 붙여 아이가 직접 만든 것이라고 칭찬해 준다.

5 실온에 하루 정도 두었다가 냉장고에 보관하여 시원하게 먹는다.

- 조리 전 채소와 완성된 피클의 채소 맛을 비교해본다.
- 채소들의 색과 모양이 어떻게 변했을까요?

요리팁
☆ 단촛물이 뜨거운 상태일 때 채소에 부어야 채소의 아삭한 식감을 유지할 수 있다.

무지개 바나나전

★영양팁★
바나나는 식이섬유소와 칼륨이 풍부한 과일로 우리몸의 나트륨을 균형이 맞게 조절해주며 몸속 나쁜 노폐물의 배출과 배변 활동을 원활하게 도와준다.

재료 (10인분)
바나나 5개(750g), 시금치 1/2단(180g), 적양배추 1/6개(200g), 비트 1/2개(160g), 치자 30g, 밀가루 500g, 물, 소금, 식용유

필요한 도구
칼, 도마, 믹서기, 볼, 뒤집게, 프라이팬, 거품기, 면보, 계량컵, 계량스푼, 채반, 저울

만드는 방법

1 시금치, 적채, 비트는 적당한 크기로 자른 후 물을 넣고 믹서기에 갈고, 치자는 물에 담가 놓는다.

- 믹서기가 어떤 기계인지 설명해주고 믹서기 사용법에 대해 주의점을 알려준다.
  - 믹서기는 무엇을 하는 기계일까요?
  - 믹서기의 칼날이 어떻게 생겼나요?
- 각 채소의 모양과 색에 대해 이야기를 한다.
  - 비트의 색이 무슨 색일까요?
  - 이와 같은 색의 과일이 무엇이 있을까요?

2 각 채소즙을 면보에 거른 후 밀가루와 소금을 넣고 전 부치기 좋은 농도로 반죽한다.

- 밀가루를 만져보게 한 후 채소즙에 밀가루를 섞었을 때 농도가 어떻게 변화했는지 이야기해 보고 설명해 준다.
  - 밀가루와 물이 만나서 밀가루가 어떻게 변했나요?
  - 느낌이 어때요?

3 달궈진 프라이팬에 식용유를 두르고 각 반죽을 한 숟가락 놓고 그 중앙에 바나나를 올려 부친다.

- 달궈진 프라이팬의 사용 시 주의법을 알려준다.
  - 프라이팬으로 무슨 요리를 할 수 있을까요?
  - 뜨거운 프라이팬을 만지면 어떻게 될까요?
- 프라이팬에 올려놓은 반죽 중앙에 바나나를 올릴 수 있도록 도와준다.(화상주의)

4 전을 앞뒤로 노릇하게 구워서 담는다.

- 부쳐진 전의 색깔별로 몇 개인지 수를 세어 본다.
- 각 색깔별의 전의 맛을 보고 어떻게 다른지 이야기 나눈다.
  - 녹색전, 보라색전, 노랑색전, 빨강색전 맛이 어떻게 다른지 이야기해볼까요?
- 조리 전 바나나의 맛과 조리 후 바나나의 맛이 어떻게 변화했는지 이야기 나눈다.
  - 생 바나나와 익힌 바나나의 맛 중에 어느 바나나가 더 달콤할까요?

요리팁
☆ 각 채소의 색을 낼 때는 물을 적게 넣고 갈아야 색이 선명하며 면보에 걸러야 색이 곱고 반죽이 부드럽다.

# 상큼상큼 과일비빔밥

★영양팁★
과일은 비타민과 무기질 등 우리 아이들이 성장하는데 필요한 영양소가 골고루 함유되어 있어 매일 매일 섭취해 주는 것이 좋다.

재료 (10인분) 계절과일 사용, 바나나 2개(300g), 사과 2개(400g), 파인애플(또는 통조림) 200g, 토마토 2개(340g), 키위 3개(300g), 쌀 500g, 간장, 참기름, 참깨

필요한 도구 칼, 도마, 냄비, 볼, 젓가락, 계량컵, 계량스푼, 저울

만드는 방법

1 분량의 쌀로 밥을 짓는다.

- 불리지 않은 쌀과 불린 쌀의 양의 비교차이를 물어보고 손으로 만져보고 질감의 차이를 이야기 나눈다.
- 어느 쌀이 부피가 더 클까요?
- 불린 쌀의 물은 어디로 갔을까요?

2 각 과일을 깨끗이 세척 후 적당한 크기로 잘라준다.

- 같은 색상을 가지고 있는 과일과 채소에는 어떤 것이 있는지 이야기나눈다.
- 사과와 같은 색의 과일이 무엇이 있을까요?
- 과일의 겉 색과 속 색의 차이점을 이야기 나눈다.
- 겉과 속이 같은 과일이 무엇이 있을까요?
- 겉과 속이 다른 과일이 무엇이 있을까요?

3 간장에 참기름과 깨소금을 넣어 양념장을 만든다.

4 쌀밥 위에 각 과일을 예쁘게 담은 후 양념장과 함께 준비한다.

- 쌀밥 위에 아이들이 얼굴이나 좋아하는 캐릭터 모양을 과일을 이용해 꾸며보도록 한다.

요리팁

☆ 신맛, 단맛이 어우러진 과일을 사용하는 것이 좋다.
☆ 좋아하는 과일과 싫어하는 채소를 적당히 섞어서 비빔밥을 만든다면 편식에 도움을 줄 수 있다.

아삭아삭 채소 프리타타

★영양팁★

달걀은 우리 몸에 필요한 필수 아미노산이 골고루 함유되어 있어 성장기 아이들에게 꼭 필요한 완전식품이며 채소와 함께 먹으면 부족한 영양소를 서로 보완해준다.

🍳 **재료**(10인분) 달걀 10개(500g), 시금치 1/2단(180g), 방울토마토 10개(120g), 양파 1개(200g), 우유 200ml, 피자치즈50g, 식용유, 후추, 소금

🍴 **필요한 도구** 칼, 도마, 프라이팬, 주걱, 볼, 거품기, 오븐용 그릇, 오븐, 계량컵, 계량스푼, 저울

만드는 방법

1 달걀은 소금, 후추를 넣고 풀어준 후 분량의 우유를 넣고 섞어준다.

- 달걀의 표면에는 세균이 있으므로 깨끗이 세척한 후 아이가 만질 수 있게 한다.
- 달걀의 표면이 어떤지 만져보고 깨본다. 달걀물을 만져보고 질감이 어떤지 이야기 나눈다.

• 달걀의 표면을 만져보니 느낌이 어떤가요?
• 달걀물 느낌은 어떤가요?

2 각 채소는 깨끗이 세척 후 한입크기로 썰어주고 양파는 채 썬다.

- 시금치와 양파, 토마토가 무슨 색인지, 같은 색의 채소와 과일이 무엇이 있는지 이야기 나눈다.

• 시금치와 같은 색의 채소가 무엇이 있을까요?

3 프라이팬에 식용유를 두르고 양파를 볶아준 후 시금치를 넣고 함께 볶은 후 소금, 후추 간을 한다.

- 볶기 전의 채소와 볶은 후의 채소를 색, 무게, 질감, 냄새를 비교해 본다.

• 생 시금치와 볶은 시금치를 만져보니 무슨 차이가 있을까요?
• 생양파와 볶은 양파의 냄새는 어떤가요?

4 오븐용기에 식용유를 발라주고 볶은 채소와 달걀물을 섞어 담은 후 방울토마토와 피자치즈를 위에 담는다.

- 오븐용기에 식용유를 발라보고 느낌이 어떤지 이야기해보고 방울토마토와 야채를 이용해 얼굴 모양을 만들어 본다.

• 달걀물에 채소를 이용해 친구 얼굴을 만들어 볼까요?

5 180도 예열한 오븐에 30분 구워서 먹는다.

- 조리 중인 오븐의 주의점을 알려준다.

• 오븐으로 무슨 요리를 할까요?
• 오븐은 뜨거울까요? 차가울까요?

요리팁

☆ 프리타타는 여러 가지 재료를 달걀에 넣어 만든 이탈리아 오믈렛 요리이다. 안에 넣은 재료에 따라 한끼 식사가 가능하며 오븐이 없다면 프라이팬을 이용하여 모든 재료를 넣고 뚜껑을 덮은 후 약한 불로 조리하면 된다.

Chapter 02
아동요리활동의 실제

02
집중력, 소근육 발달교육

요리활동을 통해 집중력과 창의력을 향상 시키고
근육의 발달을 돕는다.

요리과정을 통해서 아동들은 자신이 만들고자 하는 요리에 상상력을 활용하여 동화나 이야기 속에 주인공이 되어 자신만의 새로운 요리를 창작해 보기도 한다. 요리활동에서 재료를 다듬고, 씻고, 썰고, 끓이면서 음식을 완성하여 친구들과 나누어 먹으면서 흥미를 느끼고 집중력과 창의력, 협동심, 사회성을 길러준다.

요리활동에서 식재료를 손으로 만지고 원하는 모양과 크기로 썰기, 밀가루 반죽하기, 주무르기, 뒤집기, 굴리기 등의 손을 사용하는 다양한 동작은 손의 협응력과 근육의 발달을 돕는다.

 1 바삭바삭 멸치견과류 주먹밥

★영양팁★
멸치는 단백질과 칼슘 등의 무기질이 풍부하여 어린이들의 뼈를 튼튼하게 해준다.

재료(10인분) 밥 3공기(600g), 지리멸치 80g, 호두살 20g, 아몬드채 20g, 해바라기씨 20g, 흑임자 10g, 식용유 2작은술, 올리고당 2큰술

필요한 도구 도마, 칼, 볼, 프라이팬, 젓가락, 일회용 장갑, 주걱, 계량컵, 계량스푼, 저울

만드는 방법

1 주먹밥에 대해 이야기 나눈다.
- 주먹밥을 만들어 보거나 먹어본 경험에 대해 이야기 나눈다.
  - 주먹밥을 만들어 본 적이 있나요?
  - 주먹밥을 먹어본 적이 있나요?
  - 주먹밥 안에 무엇이 들어 있나요?
- 주먹밥 만들기에 필요한 재료와 만드는 순서에 대해 이야기 나눈다.
  - 오늘은 멸치, 호두, 아몬드, 해바라기씨, 흑임자가 들어간 주먹밥을 만들 거예요
  - 멸치를 먹어본 적이 있나요?
  - 호두, 아몬드, 해바라기씨를 먹어본 적이 있나요?
  - 밥 안에 준비한 재료들을 모두 섞어 줄거에요.

2 호두와 아몬드는 잘게 자른다.

4 볼에 밥, 볶은 멸치, 견과류를 넣고 섞는다.
- 밥과 함께 섞으면 무슨 맛이 날까요?

5 동글동글 주먹밥을 만들어 접시에 담는다.

요리팁
☆ 팬에 견과류나 멸치를 볶을 때 기름을 많이 두르면 주먹밥이 잘 뭉쳐지지 않으므로 최소량의 기름으로 볶는다.

3 달군 팬에 식용유를 두르고 멸치를 볶다가 윤기가 나면 잘게 자른 호두, 아몬드, 해바라기씨를 넣고 볶은 뒤 올리고당을 넣는다.
- 멸치를 볶으면 무슨 냄새가 날까요?

아동요리활동의 실제 · **45**

꿀깍돼지고기 가지찜

★영양팁★

돼지고기는 양질의 단백질과 비타민 B_1이 풍부해 어린이 성장 발육에 도움을 주며 가지는 칼로리가 낮고 수분이 94%나 되는 다이어트 식품으로 가지의 안토시아닌 색소는 항암 효과에 좋은 식품으로 잘 알려져 있다.

재료(10인분) 가지 2개(240g), 다진 돼지고기 250g, 노랑파프리카 1/2개(60g), 빨강파프리카 1/2개(60g), 양파 1/4개(50g), 전분 40g, 소금, 후추

필요한 도구 도마, 칼, 볼, 프라이팬, 젓가락, 볼, 찜기, 계량컵, 계량스푼, 저울

만드는 방법

1 파프리카, 양파는 잘게 다진다.
- 아이가 길게 썰 수 있도록 알려주고 잘게 다지는 것은 엄마가 도와준다.
- 양파는 눈이 매울 수 있으니 주의해서 썰어볼까요?

2 잘게 다진 파프리카, 양파를 돼지고기와 섞은 후 소금, 후추로 밑간을 한다.
- 돼지고기를 먹어본 적 있나요?
- 어떤 요리로 먹어봤나요?
- 섞은 돼지고기와 채소를 찰지게 치대 준다.
- 이렇게 치대서 가지 속에 넣어 줄 거예요.

3 가지는 4cm 정도 길이로 썬다.
- 가지를 썰어보며 이야기 나눈다.
- 가지는 무슨 색인가요?
- 보라색 음식은 또 어떤 것이 있을까요?
- 가지를 먹어본 적이 있나요?
- 어떤 맛이었나요?

4 가지 속을 1cm 정도 남기고 숟가락으로 파내고 전분 가루를 묻힌다.
- 가지의 속을 구멍이 뚫리지 않게 살살 파면서 이야기 나눈다.
- 가지의 속은 어떤 색인가요?
- 전분가루를 묻히면 가지 속에 넣은 돼지고기가 착 달라붙을 거예요.

5 치댄 돼지고기를 가지 속에 넣어 찜통에 10분 정도 찐다.
- 찜통의 뚜껑을 잠시 열어보고 가지와 돼지고기의 변화에 대해 이야기 나눈다.
- 돼지고기와 가지를 함께 먹으면 어떤 맛이 날까요?
- 돼지고기는 익으면서 어떻게 변하나요?
- 냄새는 어떤가요?
- 가지는 익으면서 어떻게 변하나요?

6 그릇에 예쁘게 담아 맛있게 먹는다.
- 돼지고기와 가지를 함께 먹으니 맛이 어떤가요?

요리팁
☆ 가지의 속을 파낸 후 전분가루를 묻혀 속을 넣어야 돼지고기가 익어도 속이 빠지지 않는다.

3. 키다리 골고루 꼬치

★영양팁★
탄수화물 식품인 조랭이떡과 채소를 함께 먹는다면 영양소를 골고루 섭취할 수 있다.

재료(10인분) 떡볶이떡(또는 조랭이떡) 400g, 닭가슴살 500g, 노랑파프리카 1/2개(60g), 빨강파프리카 1/2개(60g), 새송이버섯 1개(100g), 양파 1/2개(100g), 후추가루, 소금, 식용유
소스 : 고추장 1큰술, 간장 1작은술, 참기름 1작은술, 물엿 2큰술, 다진마늘 1작은술, 케찹 3큰술, 육수 1/4컵

필요한 도구 꼬치 20개, 프라이팬, 소스용 솔, 도마, 칼, 냄비, 계량스푼, 계량컵, 저울

만드는 방법

1 닭가슴살은 1cm X 3cm 크기로 썰어 소금, 후추를 뿌려 밑간해 두었다가 끓는 물에 데쳐 놓는다.

- 소금과 후추를 아이가 뿌려보도록 하며 후추 이야기를 한다.
- 후추를 뿌릴 때 살살살~ 뿌리지 않으면 어떻게 될까요?
- 후추는 인도 남부에서 왔고 음식의 양념으로 많이 사용된답니다.

2 조랭이떡은 3cm 길이로 썰어 끓는 물에 살짝 데쳐 준다.

- 아이와 함께 조랭이떡을 만져본다.
- 조랭이떡이 익기 전에는 느낌이 어떤가요?
- 익은 후의 느낌은 어떻게 달라졌나요?

3 양파, 파프리카, 새송이버섯을 1cm X 3cm 크기로 썰어 놓는다.

- 채소와 버섯을 함께 썰며 특징을 이야기 나눈다.
- 채소와 버섯의 색은 어떤가요?
- 채소의 맛과 버섯의 맛은 어떻게 다를까요?

4 꼬치에 파프리카(노랑), 닭고기, 양파, 조랭이떡, 파프리카(빨강), 버섯 순으로 꽂아준다.

- 순서를 정해놓고 그 순서에 맞추어 꼬치에 끼워본다.
- 순서를 정해서 꽂아볼까요?
- 우리가 정한 순서에 맞게 재료를 꽂아볼까요?

5 소스 재료를 냄비에 넣고 윤기가 나도록 중불에 끓인다.

6 달구어진 팬에 기름을 두르고 꼬치를 적당히 구운 후 소스를 바르고 다시 구워서 예쁘게 담는다.

- 소스를 바르지 않고 한번 구워 익힌 후 소스를 바르고 구워야 함을 알려준다.
- 꼬치를 구울 때 어떤 냄새가 날까요?
- 향을 맡아볼까요?

> **요리팁**
> ☆ 소스를 미리 바른 후 구우면 양념이 탈 수 있으므로, 꼬치를 한번 구운 후 소스를 바르고 다시 구워준다.

# 곰돌이 닭가슴살 스테이크

★영양팁★
닭가슴살은 닭의 가슴 쪽을 덮고 있는 근육으로 닭고기의 부위 중 지방이 가장 적고 살코기가 많아 단백질이 풍부하고 뼈가 포함되어 있지 않다. 특히 칼로리가 낮고 고기의 맛이 담백하다.

🍳 **재료**(10인분) **패티** : 닭가슴살(다진 것) 800g, 양파 1개(150g), 다진 마늘 40g, 달걀 1개(50g), 빵가루 50g, 소금 약간, 후추 약간, 우유 약간
장식용 소스 : 케첩, 머스타드 소스, 스테이크 소스

👨‍🍳 **필요한 도구** 볼, 곰돌이 모양 프라이팬, 뒤집게, 소스통, 계량컵, 계량스푼, 저울, 포크

만드는 방법

1 다진 양파와 다진 마늘을 팬에서 살짝 볶아 수분을 없애고 식힌다.

2 볼에 다진 닭고기, 1의 양파, 마늘, 빵가루, 우유, 소금, 후추를 넣고 버무려서 치댄다.

- 구울 때 부서지지 않도록 반죽을 오래 치대 준다.
  - 여러 가지 재료가 잘 섞일 까요?
  - 한번 잘 섞고 치대볼까요?

3 2의 치댄 반죽을 곰돌이 모양 팬에 담아 눌러준다.(곰돌이 모양 팬이 없는 경우 자유롭게 곰돌이 모양을 만든다)

- 곰의 모습을 떠올려 보고 곰모양으로 만든다.
  - 곰이 어떻게 생겼을까요?
  - 곰의 모습을 상상하며 곰돌이 모양을 만든다.
  - 스테이크가 잘 익도록 곰은 뚱뚱하지 않게 만들어봐요.

4 곰돌이 스테이크가 잘 익고 오그라들지 않도록 포크로 군데군데 찍어둔다.

- 화상에 주의하며 아이가 포크로 스테이크를 찔러주도록 한다.
  - 곰돌이가 예쁘게 구워지려면 포크로 군데군데 찔러줘야 한데요.
  - 같이 조심조심 찍어볼까요?

5 구워진 스테이크를 접시에 담고 소스를 이용하여 곰돌이의 눈, 코, 입 등을 완성한다.

- 스테이크를 접시에 담고 아이와 함께 꾸며서 곰돌이를 완성한다.
  - 스테이크가 구워지니까 크기와 색이 어떻게 변했나요?
  - 자! 이제 곰돌이의 눈, 코, 입을 만들어 줄 차례에요. 자유롭게 꾸며 보세요.

📌 **요리팁**
☆ 고기 반죽을 오래 치대 주어야 끈기가 생기고 구웠을 때 부서지지 않는다.

아동요리활동의 실제 • **51**

5 난쟁이 미니핫도그

★영양팁★

감자는 탄수화물뿐만 아니라 비타민과 철분, 칼슘, 마그네슘 등의 무기질이 골고루 함유되어 있어 아이들 간식으로도 좋은 식품이다.

재료(10인분) 비엔나 소세지 작은 것 20개(300g), 감자 5개(750g), 마요네즈 70g, 밀가루 200g, 빵가루 200g, 달걀 5개(250g), 소금1큰술, 후추, 식용유

필요한 도구 꼬치, 볼, 나무주걱, 쟁반, 튀김냄비, 계량컵, 계량스푼, 밀대 또는 지퍼백(감자를 으깨기 위한), 튀김망, 온도계, 저울

만드는 방법

1 감자를 삶아서 식혀 마요네즈 소금, 후추를 넣고 반죽한다.

- 삶은 감자를 식힌 후 아이와 으깨본다.
- 질감이 어떤지를 이야기 나눈다.

• 으깬 감자의 느낌이 어떤지 이야기를 해볼까요?

2 꼬치에 소세지를 끼고 밀가루를 묻힌 후 감자반죽을 둘러준다.

- 소세지에 달걀물을 묻혀보고 숫자를 세어 본다.
- 밀가루를 묻힌 소세지를 꼬치에 꽂아보고 감자반죽으로 뭉치며 아이와 모양을 내본다.

• 꼬치의 끝이 어떻게 생겼나요?
• 꼬치에 소세지를 어떻게 끼울까요?

3 2에 밀가루 → 달걀 → 빵가루 순으로 튀김옷을 입혀준다.

쟁반에 밀가루와 달걀, 빵가루 순으로 묻히는 방법을 설명하고 잘 묻힐 수 있게 도와준다. 이때 손끝의 감각이 어떤지 이야기 나눈다.

• 밀가루, 달걀, 빵가루의 느낌이 어떤지 이야기를 해볼까요?

4 튀김옷을 입힌 핫도그를 180도의 기름에서 튀겨낸다.

가스 불과 기름을 사용하는 조리의 주의법을 알려주고 아이를 기름에 튀지 않는 곳으로 이동시킨다.

• 가스불은 왜 조심해야 하지요?
• 뜨거운 기름이 우리 피부에 닿으면 굉장히 아프고 미운 흉터가 생긴답니다.

> **요리팁**
> ☆ 튀김시에는 핫도그를 돌려가면서 기름에 튀겨야 타지 않고 색이 고르게 튀겨진다.

# 6 돌돌 과일롤케이크

★영양팁★
키위는 비타민C와 칼륨이 풍부하며 바나나는 면역력을 높여주어 질병예방에 도움이 되고 몸속의 노폐물을 밖으로 배출하여 우리 몸을 건강하게 해준다.

🥄 **재료**(10인분) 식빵 20장, 방울토마토 15개(300g), 바나나 4개(600g), 키위 3개(400g), 크림치즈, 땅콩버터

👨‍🍳 **필요한 도구** 밀대, 빵칼, 칼, 도마, 김발, 잼나이프, 계량스푼, 저울

만드는 방법

1 식빵은 끝부분을 잘라낸 후 밀대를 사용하여 얇게 밀어준다.

- 식빵을 얇게 밀어보고 조리 전 식빵과 밀대로 민 식빵의 질감과 두께에 대해서 이야기 나눈다.
  - 어느 식빵이 더 폭신폭신 한가요?
  - 밀대로 민 식빵은 어떻게 되었나요?

2 방울토마토는 깨끗이 씻어 꼭지를 잘라주고 키위는 껍질을 제거 후 1/4로 잘라준다. 바나나도 껍질을 제거해준다.

- 각 과일의 향기를 맡아보고 어떤 맛일까 이야기 나눈다.
  - 키위의 향기가 어때요?
  - 무슨 맛인가요?

3 김발 위에 얇게 밀어준 식빵에 잼 나이프를 이용해 크림치즈를 발라준다.(바나나는 땅콩버터를 발라준다)

- 식빵에 크림치즈와 땅콩버터를 얇게 발라본다.

4 3위에 각 과일을 올리고 말아준 후 잘라서 접시에 담는다.

- 과일이 으깨지지 않도록 살살, 꾹꾹 적당한 힘으로 말아줄 수 있도록 아이와 같이 말아준다.
- 말아준 롤 케이크를 빵 칼을 이용해 살살 자르면서 과일의 겉과 속 모양을 비교해본다.
  - 키위의 겉은 어떤 모양이였을까요?
  - 키위의 속 모양은 어떤가요?

요리팁
☆ 과일의 크기가 일정해야 예쁜 모양의 롤 케이크가 된다.
☆ 롤 케이크의 과일은 과육이 어느 정도 단단한 것이 좋고 방울토마토 대신 딸기를 사용하면 더 맛이 좋다.

아동요리활동의 실제

7 냠냠 스틱바

★영양팁★
명태는 단백질 함량이 높아 메티오닌과 나이아신 등의 필수아미노산과 칼슘, 인, 철, 무기질이 골고루 함유되어 있고 새우살에는 필수아미노산, 필수지방산과 베타인의 성분이 있어 맛이 좋다.

🔦 **재료(10인분)** 다진 명태살 500g, 새우살 500g, 감자 2개(300g), 밀가루 200g, 달걀 4개(200g), 빵가루 200g, 소금, 후추, 식용유

🍳 **필요한 도구** 볼, 냄비, 주걱, 튀김 냄비, 쟁반, 계량스푼, 계량컵, 밀대 또는 지퍼백, 튀김망, 온도계, 저울

만드는 방법

1 감자는 삶아 으깨어 식힌다.

- 삶은 감자를 식힌 후 아이와 으깨어 본다.
- 질감이 어떤지를 이야기 나눈다.

🍴 생감자와 으깬 감자를 만져보고 차이점을 이야기 해볼까요?

2 새우살은 거칠게 다져준다.

- 새우의 모양과 생새우와 삶은 새우의 색을 비교해 보고 칼로 다져본다.

🍴 • 새우 모양은 어떻게 생겼을까요?
• 삶은 새우는 무슨 색일까요?

3 다진 명태살과 새우살 으깬 감자, 달걀, 소금, 후추를 넣고 섞어준 후 모양을 만든다.

- 좋아하는 생선 종류에 대해서 이야기하고 반죽을 다양한 모양으로 만들어 본다.

🍴 • 좋아하는 생선 반찬이 있나요?
• 생선은 어디에서 살까요?

4 모양을 만든 **3**의 반죽을 밀가루 → 달걀 → 빵가루 순으로 튀김옷을 입혀준다.

- 밀가루, 달걀, 빵가루를 만져보고 질감에 대해서 이야기 나눈다.
- 모양이 부서지지 않게 밀가루와 달걀 빵가루를 입혀준다.

🍴 • 밀가루, 달걀, 빵가루의 느낌이 어떤지 이야기를 해볼까요?

5 4를 180도의 기름에 튀겨서 예쁘게 담는다.

- 열기구 사용과 안전교육에 대해 이야기를 나눈다.

🍴 뜨거운 기름의 위험성과 화상예방을 하려면 어떻게 해야 할까요?

요리팁

☆ 감자를 삶을 때는 물에 우유를 조금 넣어서 삶으면 그냥 삶는 것보다 감자맛이 훨씬 부드러워진다.

Chapter 02
아동요리활동의 실제

03

수학, 과학의 기본원리교육

요리활동을 통해 수학개념의 기초를 형성하고
과학의 개념을 학습한다.

아동들은 요리활동시의 조작을 통해 양념을 넣으면서 계량할 때, 재료들을 분류하여 나눌때, 재료를 끓이거나 익히기 위해 시간을 계산해야 할 때 숫자의 가치에 대해 학습하게 되고 더하기, 빼기, 나누기, 곱하기 등의 수학적 개념을 배우게 된다. 또한 요리는 과정중에 발생되는 다양한 과학적 원리를 체험을 통해서 궁금증을 해결한다. 즉 배추가 소금에 절여지는 삼투압의 원리나, 쌀이 밥이 되어가는 과정 등 열을 가했을 때 음식의 재료가 변화하는 과정을 통해서 에너지의 원리를 배우며 수학과 과학의 기본 개념을 자연스럽게 터득하게 된다.

눈꽃나라 우유 빙수

★영양팁★
우유는 성장기 어린이에게 꼭 필요한 완전식품이며 팥의 약간 냉한 성질은 간장과 심장의 열을 내려 주는 효능이 있고 스트레스를 받는 사람에게도 좋은 효과가 있다.

재료(10인분) 얼린우유 200ml 10개, 팥 500g, 찹쌀가루 150g, 생수 3000ml, 설탕 300g, 전분 60g, 소금 3g, 미숫가루 30g, 올리고당 60g, 키위 100g, 수박 100g

필요한 도구 냄비, 계량컵, 주걱, 믹서기, 체, 도마, 칼, 전자레인지, 제빙기 또는 포크, 저울, 계량스푼, 조리, 저울

만드는 방법

1 팥빙수에 들어가는 재료를 탐색해 보고 빙수에 넣을 팥을 만든다.

- 팥의 영양성분과 팥의 크기, 모양, 색에 대해 이야기 나눈다.
  - 팥에 돌이 없도록 조리로 잘 일어서 깨끗이 씻어 볼까요?
  - 무슨 소리가 들리나요?
- 냄비에 물을 넉넉히 붓고 한 번 끓으면 물을 따라내고 다시 생수를 8컵 정도 붓고 중불에 팥(2컵)이 적당하게 물러지고 팥물이 거의 졸아들 때까지 끓여 준다.
- 팥의 변화 과정(냄새, 모양 등)에 대해 이야기 나눠본다.

2 팥이 무르면 생수, 설탕, 올리고당, 소금을 넣고 거품이 없고 색이 진해질 때까지 중불에서 끓인 후 식혀서 냉장고에 보관한다.

- 계량컵과 계량스푼으로 계량하여 아이가 직접 넣도록 도와준다.
- 팥이 눌러 붙지 않도록 주걱으로 아이와 함께 저어준다.

3 빙수에 넣을 떡을 만들고 과일을 모양 틀에 찍는다.

- 찹쌀을 체에 여러 번 걸러 준다.
  - 찹쌀을 체에 내리면 어떤 모습이 생각나나요?
  - 겨울에 눈 오는 것 같은가요?
- 찹쌀가루에 설탕을 섞은 후 생수를 부어 가루가 없어질 때까지 섞어준다.
  - 찹쌀가루, 설탕, 물이 섞이면 어떻게 변했나요?
- 랩을 씌워 전자레인지에 1분 30초 정도 가열한 후 투명해 졌는지 확인한다.
  - 전자레인지로 가열하니 어떻게 변했나요?
- 덜 투명해진 부분이 있다면 숟가락으로 섞은 후 다시 1분 정도 가열해준다.
- 가열 후 숟가락으로 치대어서 도마 위에 전분가루를 넉넉히 뿌리고 찹쌀떡을 납작하게 펼쳐준다.
- 전분가루를 묻힌 찹쌀떡을 먹기 좋은 크기로 썰어 준다.

4 미리 얼려 두었던 우유를 제빙기에 넣고 갈아서 그릇에 담고 우유위에 팥, 떡, 미숫가루를 얹고 틀에 찍어낸 모양과일을 그릇에 함께 담아낸다.

- 제빙기가 없으면 우유팩을 얼렸다가 살짝 녹인 후 포크로 긁어도 좋다.
- 우유를 얼리기 전과 후의 모습에 대해 이야기 나누고 녹으면 어떻게 변하는지 비교해 본다.

> **요리팁**
> ☆ 흰 우유 대신에 바나나우유나 딸기우유를 얼려서 사용하면 또 다른 맛을 느낄 수 있다.
> ☆ 찹쌀떡 대신에 손쉽게 구할 수 있는 떡볶이떡을 데쳐서 사용하기도 한다.

2 말랑말랑 검은콩 두부젤리

★영양팁★
검은콩은 블랙푸드의 대표적인 식품으로 신장을 튼튼하게 해주는 효과가 있어 부종을 없애준다.

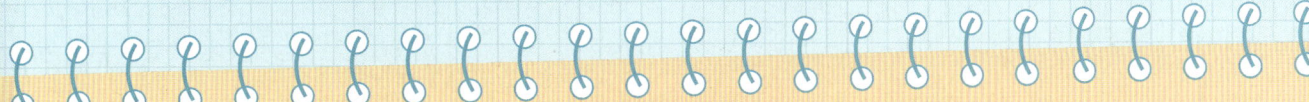

재료(10인분) 검은콩 10g, 두부 200g, 두유 200ml, 젤라틴(가루) 5g, 볶은 미숫가루 10g

필요한 도구 저울, 냄비, 믹서기, 틀, 계량컵, 계량스푼, 저울

만드는 방법

1 검은콩을 깨끗이 씻은 후 반나절 정도 불린 후 푹 삶는다.

👨‍🍳 콩에 대해 이야기 나눈다.
- 콩은 무슨 색깔인가요?
- 콩으로 만든 요리를 먹어본 적 있나요?
- 오늘은 검은콩, 두부, 두유를 넣고 갈아서 젤리를 만들 거에요.

2 두부는 끓는 물에 살짝 삶아 식히고 젤라틴가루를 찬물에 불린다.
- 두부로 만든 요리를 먹어본 적 있나요?
- 젤라틴은 동물의 단백질에 들어있는 콜라겐을 이용해서 만들었어요. 아이스크림, 젤리를 만들 때 꼭 들어가는 재료에요.

3 믹서기에 검은콩, 두부, 두유를 넣고 부드럽게 갈아준다.
- 두부로 만든 요리 먹어봤나요?
- 두부와 두유는 콩을 갈아서 만든 음식이에요.

4 찬물에 불린 젤라틴을 전자레인지에 넣고 30초간 돌려 묽은 상태로 만든다.

👨‍🍳 젤라틴을 불려주며 이야기 나눈다.
- 젤라틴을 한 번 만져봐요. 촉감이 어떤가요?
- 젤라틴 가루에 찬물을 부으니 어떻게 변했나요?
- 전자레인지에 가열하니 어떻게 변했나요?

5 3의 검은콩, 두부, 두유에 4의 젤라틴을 넣고 한 번 더 믹서기에 간다.

👨‍🍳 믹서기에 재료를 갈면서 재료들의 변화에 대해 이야기 나눈다.
- 젤라틴을 넣고 갈면 어떻게 변할까요?

6 5를 예쁜 틀이나 컵에 부어 냉장고에서 굳히고 먹기직전에 미숫가루를 뿌려서 먹는다.
- 이렇게 냉장고에 넣으면 젤리처럼 변해요.
- 굳기 전과 굳은 후 어떻게 다른가요?
- 젤리를 숟가락으로 떠보면 어떤 느낌이 날까요?

요리팁

☆ 젤라틴은 단백질이 주원료이므로 과일을 넣은 젤리를 만들면 부족한 영양소(비타민, 무기질)를 보충할 수 있다.

☆ 묽게 만든 젤라틴은 식으면서 금방 굳는다. 굳을 경우 전자레인지로 열을 가하면 다시 묽어진다.

 # 몽글몽글 리코타 치즈

★영양팁★
치즈에는 칼슘외에도 여러 가지 필수적인 영양소들을 함유하고 있고 특히, 치즈의 칼슘은 흡수가 잘 되어 성장기 어린이와 어른들의 골다공증 예방에도 좋다.

🍯 **재료**(10인분) 우유 1000ml, 생크림(동물성) 500ml, 레몬 1~1.5개(레몬즙 10큰술), 소금 1큰술

👨‍🍳 **필요한 도구** 계량컵, 계량스푼, 착즙기, 모양 틀, 면보, 냄비, 체, 저울

만드는 방법

1 치즈에 대해 이야기를 나누면서 냄비에 우유와 생크림을 넣고 센불에서 끓인다.

- 👨‍🍳 치즈의 종류와 만드는 방법에 대해 이야기를 나눈다.
- 🍴 • 어떤 치즈를 먹어 봤나요?
  • 치즈는 어떻게 만들었을까요?
  • 치즈는 우유로 만들었어요. 그래서 우유와 영양소가 비슷하지만 단백질과 칼슘이 우유보다 많이 들어있어서 뼈를 튼튼하게 만드는 데 도움을 줘요.
- 👨‍🍳 계량컵으로 계량하여 아이가 직접 넣도록 도와준다.

2 레몬은 깨끗이 씻어 착즙기를 이용해 즙을 낸다.

- 👨‍🍳 레몬의 색깔, 모양, 맛에 대해 이야기 나눈다.
- 🍴 • 레몬을 반으로 자르니 무엇이 들었나요?
  • 레몬만 먹으면 무슨 맛이 날까요?
  • 신 맛이 나는 음식은 어떤 것이 있나요?

3 보글보글 끓기 시작하면 분량의 레몬즙과 소금을 넣어 한 번만 저어주고 약한 불로 은근히 1시간 정도 끓인다.

- 👨‍🍳 계량스푼으로 계량하여 아이가 직접 넣도록 도와준다. 레몬을 넣는 이유를 설명해준다.
- 🍴 • 레몬즙을 왜 넣을까요?
  • 우유는 물처럼 마실 수 있지만 치즈는 어떤가요?
  • 치즈는 딱딱하죠?
  • 레몬즙을 넣으면 우유가 몽글몽글해지면서 치즈가 된답니다.
- 👨‍🍳 시간이 지나면서 우유가 어떻게 변하는지, 냄새는 어떤지 이야기 나눈다.

4 순두부처럼 몽글몽글해지면 불을 끄고 면보에 부어 유청을 걸러낸다.

- 👨‍🍳 왜 유청을 걸러내는지 설명해 준다.
- 🍴 • 아직 치즈가 몽글몽글하죠? 여기 보이는 물을 빼 줘야 우리가 먹는 치즈처럼 딱딱해 져요.
  • 무거운 그릇을 올려 놓으면 무게 때문에 유청을 더 빨리 거를 수 있어요.

5 유청이 어느정도 걸러지면 그릇에 담아 냉장고에서 굳혀 접시에 담는다.

- 👨‍🍳 샌드위치나 샐러드에 넣었을 때 어떤 맛인지 이야기 나눈다.

> **요리팁**
> ☆ 레몬즙의 양이 너무 작거나 끓이면서 계속 저어주면 응고되지 않아 치즈가 만들어지지 않으므로 주의한다.
> ☆ 홈메이드 리코타 치즈에는 방부제가 들어가지 않아 오래 보관하면 상할 수 있으므로 빠른 시간 내에 먹도록 한다.

아동요리활동의 실제 · **65**

 # 하얀나라 양배추 김치

★영양팁★
양배추는 식이섬유소가 풍부하여 장운동을 활발하게 하여 변비를 예방해주고 깻잎은 철분이 시금치의 2배 이상 함유되어 있다.

🍳 **재료**(10인분) 양배추 1/4통(500g), 깻잎 30장(30g), 홍고추 1개(20g)
절임국물 : 물 2컵, 식초 1컵, 설탕 1컵, 소금 1큰술, 통후추 5g

👨‍🍳 **필요한 도구** 냄비, 국자, 칼, 도마, 작은 김치통(입구가 좁지 않은 통), 계량컵, 계량스푼, 저울

만드는 방법

1 절임국물 재료를 냄비에 넣고 한번 끓여준다.

👨‍🍳 식품의 저장방법에 대해 설명한다.

🍴 • 식품을 오래 보관하기 위한 방법에는 무엇이 있나요?
• 소금(간장)을 넣어 식품속의 수분을 빠지게 하여 세균이 이용할 수 없게 하여 오래 보관하는 방법이에요.
• 식초나 설탕을 이용하여 피클을 만들어 보관하는 방법도 있어요.

2 양배추를 깻잎 크기로 썰어 씻어서 물기를 빼둔다.

3 통에 양배추와 깻잎을 한 장씩 층층이 쌓아준다.

👨‍🍳 아이가 양배추나 깻잎 중 한가지를 택하게 하여 교대로 리듬 있게 쌓아준다.

🍴 "양배추 한장! 깻잎 한 장!"을 말로 반복하며 쌓아볼까요?

4 3의 통에 어슷 썬 고추를 넣고 1의 절임국물을 부어준다.

👨‍🍳 절임국물에 양배추와 깻잎이 잠기도록 함께 눌러준다.

🍴 작은 그릇 등을 넣어 재료(10인분)가 절임국물에 잠기도록 해볼까요? 그래야 상하지 않게 보관할 수 있어요.

5 4를 밀봉하여 서늘한 곳에 보관한다.

요리팁
☆ 야채가 절임국물에 푹 잠기도록 하여 공기와 접촉하지 않도록 하고 서늘한 곳에 두고 먹어야 한다.

5 영양채소밥

★영양팁★
쌀밥의 전분은 체내에서 서서히 흡수되어 혈당상승이 느리고 포만감을 주기 때문에 식사량을 줄여 비만을 예방해준다.

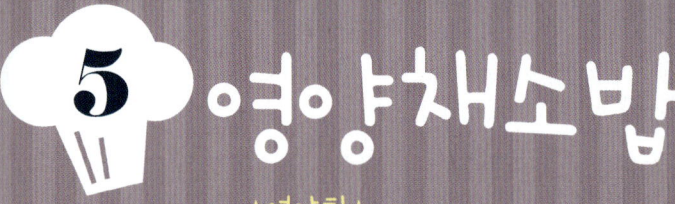

🧂 **재료**(10인분) 불린 쌀 450g(쌀 300g), 양송이버섯 5개(75g), 표고버섯 4장(80g), 당근 1/2개(100g), 양파 1/4개(50g), 애호박 1/2개(100g), 참기름 약간

👨‍🍳 **필요한 도구** 냄비, 볼, 도마, 칼, 계량컵, 계량스푼, 나무주걱, 저울

만드는 방법

1 버섯과 당근, 양파, 애호박은 0.5cm 크기로 썬다.

👨‍🍳 버섯과 채소들을 채썰어주고 아이가 칼로 자를 수 있게 해준다.

🍴 • 칼을 이용해서 길쭉한 채소들을 송송송 썰어 볼까요?
• 크기는 자기의 새끼손톱 만한 크기로 잘라볼 까요?

2 냄비에 참기름을 두르고 쌀을 볶다가 버섯과 당근, 양파, 애호박을 넣고 볶는다.

👨‍🍳 버섯과 채소를 한가지씩 아이가 냄비에 넣어주도록 한다.

🍴 • 뜨거우니까 조심해서 엄마가 볶으면서 버섯과 채소를 한가지씩 차례로 넣어 볼까요?
• 차례로 재료(10인분)를 넣으면서 그 이름을 말해볼까요?

3 쌀이 호화되기 시작하면 물(쌀 : 물 = 1 : 0.8~0.9)을 넣고 눌러붙지 않도록 저어가며 끓인다.

👨‍🍳 쌀에 물을 넣고 가열하면 쌀이 호화됨을 설명하며 저어준다.

🍴 • 쌀에 물을 넣고 가열하면 쌀의 전분이 호화된다고 해요.
• 호화되면 소화가 잘되고 맛이 좋아진답니다.

4 끓기 시작하면 뚜껑을 덮고 중불에서 끓이다가 약불로 낮추어 뜸을 들이고 잠시 두었다가 그릇에 담아낸다.

요리팁

☆ 견과류, 육류, 해산물, 채소 등 다양한 재료를 이용하여도 좋다.

Chapter 02
아동요리활동의 실제

04
올바른 식습관(편식예방) 교육

요리활동을 통해 올바른 식습관의 형성과 편식을 교정하며
기본생활 습관과 위생교육을 학습한다.

아동들이 싫어하는 채소 등을 직접 손으로 만져보고 살펴보고 음식을 만들어 보면서 새로운 채소에 대한 경계심이 자연스럽게 없어지며 친근해진다. 그리고 다양한 조리방법을 접하면서 음식을 기피하여 결식을 하거나 편식을 하던 아이들이 식사시간을 즐거워하고 균형있는 영양섭취와 올바른 식습관이 형성되어 건강한 어린이로 성장하는 기틀이 된다.

아동들이 요리준비과정에서 손을 씻고 머리를 단정하게 하며 위생복을 입고 음식재료 씻기, 음식먹기 전에 손을 깨끗이 씻기 등 위생에 대하여 자연스럽게 학습하는 좋은 기회가 되고 어른들과 함께 식사를 하면서 식탁예절 등 기본적인 생활습관을 배우게 된다.

1 꼬물꼬물 파프리카밥전

★영양팁★
탄수화물의 대표음식인 쌀은 포도당만을 에너지원으로 사용하는 뇌세포에 주요역할을 하므로 특히 아침에는 곡류의 섭취가 꼭 필요하고도 중요하며 파프리카와 함께 균형잡힌 영양식이다.

재료(10인분) 밥 3공기(450g), 김치 200g, 노랑파프리카 1/2개(60g), 주황파프리카 1/2개(60g), 빨강파프리카 1/2개(60g), 초록파프리카 1/2개(60g), 건표고버섯 50g, 피자치즈 50g, 달걀 3개(150g), 밀가루 30g, 식용유 30g

필요한도구 도마, 칼, 볼, 프라이팬, 뒤집게, 계량컵, 계량스푼, 채반, 저울

만드는 방법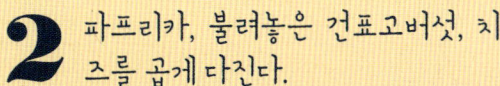

1 김치는 양념을 털어내고 송송 썰어준다.

- 김치를 씻으면서 김치의 종류에 대해 이야기 나눈다.
  - 어떤 김치를 먹어보았나요?
  - 김치의 맛은 어땠나요?

2 파프리카, 불려놓은 건표고버섯, 치즈를 곱게 다진다.

- 파프리카의 색깔, 모양, 촉감에 대해 이야기 나눈다.
  - 파프리카를 반으로 자르면 어떻게 생겼나요?
  - 무엇이 들어 있나요?
  - 파프리카는 겉면이 미끄러우니 속면을 대고 자르면 잘 썰어져요. 한번 썰어볼까요?
  - 건표고버섯을 미리 물에 담가 표고버섯이 불어나는 모습을 관찰한다.

4 프라이팬에 기름을 두르고 3을 한 수저씩 떠 놓으며 익힌다.

- 불에 익으면서 나는 냄새, 소리, 변하는 모양에 대해 이야기 나눈다.
  - 재료가 익으면서 어떤 냄새가 날까요?
  - 재료가 익으면서 어떤 소리가 나고 어떻게 모양이 변했나요?

5 그릇에 예쁘게 담아 맛있게 먹는다.

- 밥이랑 반찬이랑 먹을 때와 전으로 부쳐 먹을 때 어떻게 다른 지 이야기 나눠요.

3 볼에 밥, 잘게 다진 채소, 피자치즈, 달걀, 밀가루를 넣고 잘 섞는다.

- 달걀의 모양, 촉감에 대해 이야기 나누고 깨졌을 때 어떻게 변하는지 이야기 나눈다.
- 밀가루의 색깔, 모양, 촉감에 대해 이야기 나눈다.
- 여러 가지 재료들이 섞일 때 어떻게 변하는지 어떤 촉감인지 이야기 나눈다.

> **요리팁**
> ☆ 밥전에 달걀을 넣으면 촉촉하긴 하지만 바삭한 맛은 없어진다. 달걀을 적당히 넣어서 밥알이 부서지지 않도록 주의한다.

아동요리활동의 실제 · **73**

2 간장떡볶이

★영양팁★
소고기에는 성장기 발육에 필요한 필수아미노산이 고루 함유되어 있어 면역력을 높여주고 또한 비타민 B_{12}의 함량이 높아 성장기 어린이에게 쉽게 결핍될 수 있는 철분의 흡수를 도와 빈혈을 예방해 준다.

재료(10인분) 조랭이떡 600g, 소고기 200g, 표고버섯 50g, 노랑파프리카 1/2개(60g), 빨강파프리카 1/2개(60g), 양파 1/4개(50g), 간장, 설탕, 다진 마늘, 다진 파, 참깨, 참기름

필요한 도구 볼, 도마, 칼, 프라이팬, 주걱, 계량컵, 계량스푼, 저울

만드는 방법

1 간장떡볶이의 유래에 대해 이야기를 나눈다.

- 간장떡볶이에 대해 들어봤나요?
- 먹어본 적이 있나요?
- 간장떡볶이는 궁중떡볶이라고도 하며 옛날 궁중에서 임금님이 드신 떡볶이에요.

2 조랭이떡에 대해 설명한 뒤 끓는 물에 익혀서 유장처리를 한다.

조랭이떡에 유장처리를 하며 조랭이떡에 대해 알려 준다.

- 조랭이떡은 가래떡을 잘라서 굳기 전에 가운데를 대나무 칼로 잘록하게 눌러서 만든 떡이에요.
- 개성이라는 지방에서 먹었는데 누에고치 모양의 떡이 좋은 일을 가져다 준다고 믿어서 새해에 떡국으로 끓여 먹었다고 해요. 오늘은 이 조랭이떡으로 떡볶이를 만들어 볼 거에요.
- 떡에 간장과 참기름을 묻히니 어떤 느낌이 나나요?

4 프라이팬에 각각 따로 볶아서 섞어준다.

- 양파, 파프리카, 버섯을 각각 볶는다.
- 양념해 놓은 소고기를 볶는다.
- 불고기가 불에 익으면서 어떻게 변하나요?
- 분홍색이었는데 점점 회색으로 변해요. 소고기가 쪼글쪼글해져요.

볶아 놓은 야채와 소고기 유장처리한 떡을 함께 섞어서 버무려 데워준다.

5 그릇에 예쁘게 담아 맛있게 먹어요.

고추장 떡볶이와 맛이 어떻게 다른지 이야기 나눈다.

- 궁중떡볶이는 빨간색 고추장 떡볶이와 맛이 어떻게 다른가요?
- 고추장 떡볶이처럼 궁중떡볶이도 매콤할까요?

3 소고기는 채썰어 불고기양념에 재워놓고 야채도 채 썰어 놓는다.

버섯과 채소를 썰며 버섯에 대해 이야기 나눈다.

- 버섯은 여러 가지 종류가 있어요.
- 어떤 버섯을 먹어봤나요?
- 버섯은 물기만 있으면 어디서든 잘 자라요. 그래서 흙, 나무, 숲, 어디서든 볼 수 있어요.

> **요리팁**
> ☆ 떡에 참기름(3) : 간장(1)을 넣고 밑간을 하는 것을 유장처리라고 한다. 유장처리는 떡이 서로 달라붙지 않고 밑간을 해주는 역할을 한다.

아동요리활동의 실제 • **75**

③ 쫄깃쫄깃 표고버섯탕수

★영양팁★
표고버섯은 세계 10대 항암식품중의 하나로 베타글루칸 성분이 면역력을 증진시킨다.

🧂 **재료**(10인분) 건표고버섯 30장, 양파 1/2개(100g), 당근 1/4개(50g), 파프리카(초록 60g, 빨강 60g, 노랑 60g, 주황 60g), 물 2.5컵, 튀김기름(적당량), 밀가루(적당량),
튀김옷 : 전분 150g(10큰술), 달걀흰자 2.5개
소스 : 물(또는 표고버섯 불린물) 1.5컵, 설탕 6큰술, 식초 3큰술, 소금 1/2작은술, 물녹말(전분 3큰술+물 3큰술), 참기름 1큰술

👨‍🍳 **필요한 도구** 볼, 튀김팬, 소스팬, 주걱, 국자, 도마, 칼, 튀김망, 계량컵, 계량스푼, 온도계, 저울

만드는 방법

1 건표고버섯은 깨끗이 씻어 설탕물에 불려둔다.

👨‍🍳 건표고버섯을 설탕물에 불리는 이유가 무엇일까요?

🍴 설탕물에 표고를 불리면 훨씬 빨리 불려지기도 하고 맛과 향을 물에 흘려보내지 않고 영양가 손실도 적다고 합니다.

2 녹말, 달걀흰자를 이용하여 튀김옷을 만든다.

3 양파와 당근, 파프리카는 1cm 정사각형으로 썰어주고, 표고버섯도 4등분 한 후 소금과 후추로 밑간해 준다.

👨‍🍳 아이에게 담가놓았던 표고버섯의 물을 짜게 하고 양파와 당근도 썰어보면서 이야기 나눈다.

🍴 • 딱딱했던 버섯을 불렸더니 어떻게 변했나요?
• 느낌이 어떻게 달라졌나요?
• 양파와 당근도 예쁘게 썰어보아요.

4 표고버섯에 밀가루를 살짝 바르고, 튀김옷을 입혀 180도의 기름에서 튀겨낸다.

👨‍🍳 아이에게 튀김옷을 입혀보게 하고 엄마가 조심스럽게 기름에 튀겨준다.

5 표고버섯 불렸던 물에 식초, 설탕, 소금을 넣고 끓이다가 녹말물을 넣어 걸쭉하게 소스를 만든다.

👨‍🍳 녹말가루와 녹말물을 탐색해본다.

🍴 • 녹말가루에 물을 섞어 소스에 넣어주면 걸쭉 해져요.
• 녹말가루와 녹말물을 만져볼까요? 느낌이 어떤가요?

6 그릇에 4의 튀긴 표고버섯을 담고 5의 소스를 부어 완성한다.

요리팁
☆ 마른표고버섯을 불렸던 물은 남겨두었다가 소스를 만들 때 이용한다.
☆ 소스를 만들 때 녹말물 농도에 유의한다.

백색미인 우유사과 카레라이스

★영양팁★
노란색의 카레는 강황이 주성분이며 강황의 커큐민 성분은 항암효과가 뛰어나고 기를 소통시키고 보충해주는 효과가 있다. 몸에 좋은 카레와 완전식품인 우유, 비타민과 유기산이 풍부한 사과와 함께 웰빙카레라이스다.

🧂 **재료**(10인분) 카레가루 130g, 우유 300ml, 사과 2개(500g), 감자 1개(130g), 양파 1/2개(100g), 당근 1/4개(50g), 돼지고기(안심) 100g, 밥 600g, 식용유

👨‍🍳 **필요한 도구** 도마, 칼, 볶음팬, 주걱, 강판, 계량컵, 계량스푼, 저울

만드는 방법

1 감자, 양파, 당근은 1cm정도 크기로 깍둑 썰고 돼지고기도 같은크기로 깍뚝썰기한다.

- 아이가 깍둑 썰 수 있도록 엄마가 감자, 양파, 당근을 1cm 정도 두께로 썰어준다.
- 쓱싹쓱싹 칼을 앞뒤로 왔다 갔다 하며 재료들을 썰어보아요.
- 당근과 감자는 양파와 비교하면 어떤 것이 잘 썰어지나요?

2 사과는 깨끗이 씻은 후 껍질을 벗기고 강판에 갈아준다.

- 사과를 손질하며 이야기를 나눈다.
- 강판에 갈 때는 손을 조심해서 갈아볼까요?
- 껍질은 질기니까 벗기고 갈아주세요.

4 3에 카레가루를 물에 풀어서 저어가며 끓이다가 2의 사과와 우유를 함께 넣고 조금 더 끓인다.

- 아이가 카레가루에 물을 넣어 섞어보도록 한다.
- 가루가 물에 잘 풀리도록 살살살 섞어 보아요. 사과와 우유가 들어가니까 카레의 색이 어떻게 변하나요?

5 그릇에 밥을 담고 4의 카레를 부어 예쁘게 담아서 먹는다.

3 기름을 두른 달궈진 팬에 재료를 순서대로 볶는다(감자, 당근, 돼지고기, 양파 순서).

- 빨리 익지 않는 재료를 먼저 볶도록 하여 재료를 익혀준다.
- 조금 전에 재료를 썰 때 어떤 채소가 가장 딱딱했나요?
- 가장 딱딱한 재료부터 볶아주고 잘 익는 덜 딱딱한 재료를 볶아볼께요.

요리팁

☆ 먹다가 남은 카레라이스를 데워먹을때 우유를 넣으면 부드럽고 맛이 좋다.
☆ 그릇에 여러가지 모양(사람, 곰돌이, 캐릭터 등)으로 밥을 만들어 카레와 함께 담아보면 아이들에게 흥미를 더해준다.

콩나라 두부과자

★영양팁★

질 좋은 단백질이 많이 함유되어 있는 콩으로 만든 두부는 콩보다 단백질 함량이 많으며 소화가 잘 되는 영양만점 식품이다. 영양만점 두부는 육류보다 가격이 저렴하고 지방이 적어 성장기 어린이 간식으로 좋은 식품이다.

재료 (10인분) 두부 300g, 설탕 60g, 달걀 2개, 밀가루 600g, 검은깨 2큰술, 소금

필요한 도구 면보, 볼, 주걱, 밀대, 키친타올, 모양틀, 오븐, 계량컵, 계량스푼, 저울

만드는 방법

1 두부는 물기를 제거 후 으깨준다.

- 두부에 대한 선호도를 물어보고 두부의 영양에 대해서 이야기를 나눈다.
  - 두부는 어떤 재료로 만들까요?
  - 두부로 만든 반찬 중 어느 반찬을 좋아하나요?

2 으깬 두부에 달걀 설탕 소금을 넣고 잘 섞어준다. 두부가 덩어리지지 않게 잘 섞어준다.

- 두부를 으깨보고 섞어보며 질감에 대해 이야기 나눈다.
  - 두부를 만져보니 느낌이 어떤가요?

3 2에 밀가루와 흑임자를 넣고 잘 섞어반죽을 하여 위생팩에 넣어 30분간 휴지시켜준다.

- 흑임자를 보여주고 흑임자가 무엇인지를 설명한다.
  - 흑임자는 무슨 색 인가요?
  - 이와 비슷한 것이 무엇이 있을까요?

4 휴지시킨 반죽에 덧 밀가루를 묻혀준 후 반죽을 밀대로 이용해 얇게 펴준다.

- 아이가 휴지시킨 반죽을 만져보고 반죽을 밀대로 밀 수 있게 도와준다.
  - 처음 반죽과 냉장고에 넣어두었던 반죽 중 어느 반죽이 더 부드러운가요?

5 4의 반죽을 여러가지 틀을 이용해 모양을 만들어서 예열된 오븐 180도에서 20분 정도 구워낸다.

- 아이가 좋아하는 모양으로 표현할 수 있게 도와주며 그 모양에 대해서 이야기 나눈다. 조리 중인 오븐의 주의점을 이야기 한다.
  - 오븐으로 무슨 요리를 할 수 있을까요?
  - 오븐은 뜨거울까요? 차가울까요?

6 완성된 두부과자를 포장해 아이의 이름표를 달아준다.

- 포장한 두부과자를 누구와 함께 나누어 먹으면 좋을까 이야기를 나눈다.

요리팁

☆ 오븐이 없다면 튀겨서 조리해도 좋다. 두부 반죽에 수분이 적은 채소(브로콜리, 당근 등)를 다져서 섞어주면 좀 더 다양하고 영양을 높일 수 있는 과자를 만들 수 있다.

아동요리활동의 실제

Chapter 02
아동요리활동의 실제

05

재배를 통한 자연교육

식물기르기를 통해 식품의 성장과정을 알 수 있으며
관찰능력과 자기표현 능력이 향상되어
환경학습으로도 연결된다.

식물기르기를 통해서 식물의 성장과정을 알아가고 관찰능력을 기를 수 있으며 식품에 대한 고마움과 감사의 마음을 갖게된다. 또한, 요리활동이 끝나고 함께 식사를 하고 설거지를 하면서 천연세제 사용하기, 음식물쓰레기 분리수거하기 등을 통해 환경학습으로도 연결된다.

1 방울토마토 키우기

★재배팁★
방울토마토는 씨앗이나 모종으로 심는다. 씨앗이나 모종은 봄에 많이 판매한다.
방울토마토는 적당한 햇빛과 물만 잘 준다면 쉽게 키울 수 있는 채소이다.

🏠 **필요한 도구** 씨앗이나 모종, 흙, 화분, 미니삽, 나무젓가락, 끈

만드는 방법

1 씨앗이나 모종을 크기가 넉넉한 화분에 심는다.

2 물은 이틀에 한번씩 흙이 마르지 않을 정도로 주며 햇빛이 잘 드는 곳에 둔다.

3 줄기가 자라 휘청거리면 나무젓가락을 줄기 옆에 세워주고 줄기와 나무젓가락을 묶어 지지대를 만들어 준다.

4 첫 화방(꽃)을 떼어주면 더 많은 열매가 맺는다.

5 아이와 함께 화분 이름을 지어 이름표를 만들어주고 아이가 관심을 갖고 키울 수 있게 도와준다.

6 방울토마토가 빨갛게 익으면 아이와 함께 수확을 한다.

땡글땡글 고구마치즈 방울토마토 샐러드

★영양팁★

방울토마토는 베타카로틴과 리코펜이 많이 함유되어 있어 항산화 기능으로 암을 예방한다. 그리고 다른 채소와 과일에 비해 비타민 B군이 많고 섬유질이 풍부해 포만감을 주며 변비예방에도 좋다.

🍅 **재료**(10인분) 방울토마토 30개, 고구마 3개, 크림치즈 100g, 꿀 2큰술, 소금, 후추, 파슬리가루

👨‍🍳 **필요한 도구** 칼, 도마, 주걱, 볼, 짤주머니, 계량스푼, 키친타올, 티스푼, 저울

만드는 방법

1 방울토마토는 잘 서있을 수 있게 밑둥을 살짝 잘라준 후 이등분한다.

- 방울토마토에 대해 이야기를 나누어 본다.
  - 방울토마토는 나무에서 자랄까요? 식물 줄기에서 자랄까요?

2 방울토마토 속을 티스푼을 이용해 파낸다.

- 방울토마토 재배와 관련된 이야기를 한다.
  - 방울토마토의 꽃의 색은 무슨 색일까요?
  - 방울토마토는 처음부터 색이 빨간색 이였을까요?

3 고구마를 삶아 으깬 후 식힌다.

4 상온에 둔 크림치즈와 으깬 고구마, 꿀, 소금, 후추를 넣어 섞어준다.

- 아이가 각 재료를 섞을 수 있게 도와주며 재료가 무엇으로부터 만들어지는지 알아본다.
  - 크림치즈는 무엇으로 만들까요?
  - 꿀은 누가 만들지요?
  - 고구마는 어디에서 자랄까요?

5 4를 짤 주머니에 넣어 방울토마토 속을 채워준다.

- 아이가 짤 주머니에 힘을 줄 수 있도록 적은 양의 반죽을 넣어준다.
- 완성된 방울토마토 개수를 아이와 함께 세어 본다.

6 파슬리가루를 뿌려서 접시에 예쁘게 담는다.

요리팁

☆ 토마토에 많이 들어 있는 베타카로틴과 리코펜은 지용성이기 때문에 기름에 볶거나 견과류와 함께 섞어 먹는 것이 영양 흡수에 좋다.

☆ 크림치즈 대신 담백한 타코타치즈를 사용해도 좋다.

아동요리활동의 실제

콩나물 재배

★재배팁★

☆ 묵은 콩보다 햇콩이 싹이 더 잘난다.
☆ 콩을 불릴 때 콩의 두배의 물을 넣고 불린다. 작은 그릇에서 불리면 넘칠 수 있으므로 주의한다.
☆ 햇빛을 차단해 주어야 콩이 초록색으로 변하지 않는다.
☆ 물을 주고난 후 배수가 되지 않으면 콩이 통속에서 썩을 수 있으므로 주의한다.

🌱 **재료** (1회 재배 분량) 콩(서리태) 100g

👨‍🍳 **필요한 도구** 갈색 페트병(1.6L), 가위, 칼, 송곳이나 젓가락, 물받이, 덮개용 어두운색 천

만드는 방법

1 갈색 페트병의 윗부분을 잘라준다.

- 가위나 칼을 이용해 잘라주며 다칠 위험이 있으므로 어른이 잘라준다.

  - 가위나 칼은 위험하니까 항상 조심해야 해요.
  - 위험하니까 엄마가 잘라줄게요. 잘 보세요.

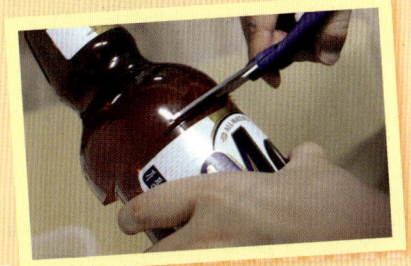

2 송곳이나 젓가락을 불에 달궈 페트병 아랫부분에 구멍을 뚫어준다.

- 콩나물을 재배하며 물이 빠져야 하므로 통의 아랫부분에 구멍을 뚫는 것을 설명한다.

  - 콩에 하루에 여러번 물을 줄거예요.
  - 구멍이 뚫려 있어야 물이 빠지고 또 물을 줄 수 있답니다.
  - 물이 잘 빠지도록 구멍을 뚫어 보아요.

3 준비한 콩의 절반인 50g은 하루 전날 미리 불려주고, 나머지 콩은 불리지 않고 준비한다.

- 콩 분량의 두배의 물을 부어 싹을 미리 틔운다.

  - 콩을 물에 담가두면 안에서 싹이 나온답니다. 그러면 그 콩을 페트병에 넣고 콩나물로 키울거예요.

4 1의 페트병에 불리지 않은 콩을 2~3cm 정도 넣고, 그 위에 불려두었던 콩을 넣는다.

- 불리지 않은 콩과 그 위에 불린 콩을 넣으며 이야기 나눈다.

  - 불려 놓은 콩이 먼저 콩나물로 자라고 그 아래 불리지 않은 콩도 차츰 자라서 콩나물이 될 거예요.
  - 불리지 않은 콩과 불린 콩을 순서대로 넣어볼까요?
  - 같은 크기의 콩이였는데 하루 불려두었더니 크기가 어떻게 변했나요?

5 매일매일 물을 부어주고 햇빛을 차단하며 콩나물을 키운다.

- 빛을 차단해야 하고 마르지 않아야 됨을 설명한다.

  - 마르지 않도록 물을 부어 줄거예요.
  - 물을 준 후에는 다시 빛을 막아주도록 뚜껑을 덮어 주어야 해요.

4 길쭉길쭉 소고기 콩나물밥

★영양팁★
콩나물은 비타민C가 풍부해 감기나 몸살에 탁월한 효과가 있고 간기능을 높여주는 메티오닌, 사포닌 등 미네랄 성분은 고운 피부를 유지시켜 준다.

🏷️ **재료**(10인분) 쌀 450g, 소고기 120g, 재배한 콩나물 500g,
　　　　　소고기 밑간 : 간장 1/2큰술, 다진 마늘 약간, 다진 파 약간, 참기름 약간
　　　　　양념장 : 간장, 다진 파, 매실청, 참깨, 참기름

👨‍🍳 **필요한 도구**　밥솥, 볼, 도마, 칼, 계량컵, 계량스푼, 행주, 주걱, 저울

만드는 방법

1 소고기를 채썰어 밑간해 둔다(아이들 용으로는 소고기를 다져도 좋다).

　👨‍🍳 소고기에 간장, 참기름, 마늘, 파 등의 재료를 넣고 아이와 밑간을 함께 한다. 밑간 재료의 이름을 하나하나 말해보며 넣어본다.

　🍴 • 먼저 간장을 넣어 볼까요?
　　　• 그 다음은 마늘과 파를 넣고, 참기름을 넣어 볼까요?

2 쌀은 30분 정도 물에 불려둔다.

　👨‍🍳 쌀을 불리며 이야기를 나눈다.

　🍴 쌀에 물이 미리 흡수되어야 밥이 고슬고슬 하고 맛있게 지어 진답니다.

3 밥솥에 불린 쌀을 넣고 콩나물을 깨 끗이 씻어 쌀 위에 올려준다.

　👨‍🍳 콩나물 재배와 관련된 이야기를 나눈다.

　🍴 • 무엇을 키워서 콩나물이 되었지요?
　　　• 콩과 같이 녹두에 싹을 틔워 키우면 무엇으로 변할까요?

4 3의 위에 밑간해 두었던 소고기를 올려준 다음 쌀의 0.8~1배의 물을 부어 뚜껑을 덮고 밥을 짓는다.

　👨‍🍳 콩나물로 만들 수 있는 요리에 대해 이야기 나눈다.

　🍴 우리는 콩나물밥을 만들고 있는데, 콩나물로는 또 어떤 음식을 만들 수 있을까요?

5 밥이 지어지는 동안 양념장을 만들어 두었다가 완성된 밥과 담아낸다.

> **요리팁**
> ☆ 콩나물밥을 지을때는 밥이 질어지지 않도록 주의하고 고슬고슬하게 하여야 한다.

아동요리활동의 실제

06

사회성, 생활습관 교육

요리활동은 사회성과 협동심을 키우며 가족 간의 소통 및
인성형성과 함께 자연스럽게 예절교육이 된다.

요리활동을 가정에서도 연결하여 아이들과 함께 재료의 준비과정, 조리과정을 통해 음식을 만들어 본다. 그리고 아이들이 스스로 그릇을 선택하여 예쁘고 정성스럽게 담아 어른들에게 먼저 드리면서 윗사람에 대한 공경심과 가족간의 화목 등 인성 및 예절교육을 자연스럽게 접하게 해줄 수 있다. 또한 어른들은 식사 후에 "맛있게 먹었다.", "고맙다" 등의 표현으로 아이들에게 자부심과 자신감을 심어주도록 한다.

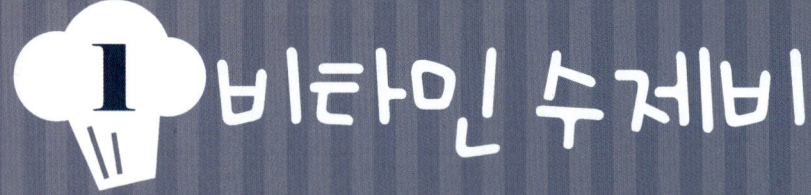
비타민 수제비

★영양팁★
단호박은 탄수화물, 섬유질, 각종 비타민과 무기질이 골고루 함유되어 있어서 허약체질, 성장기 어린이에게 도움을 준다.
시금치는 비타민 C, 비타민 E가 풍부해 피부미용에 좋고 철분, 칼륨, 칼슘과 같은 무기질도 풍부해 뼈를 튼튼하게 해 준다.

재료(10인분) **단호박 반죽** : 단호박 150g, 밀가루(중력분) 350g, 물 250ml, 소금 약간
시금치 반죽 : 시금치 150g, 밀가루(중력분) 350g, 물 200ml, 소금 약간
다시마(사방 20cm) 1장, 다시멸치 20마리, 바지락조개 400g, 애호박 100g, 감자 200g, 당근 50g, 양파 50g, 국간장, 소금 약간

필요한 도구 믹서기, 주걱, 계량스푼, 계량컵, 볼, 칼, 도마, 모양틀, 냄비, 밀대, 저울

만드는 방법

1 살아있는 바지락조개를 소금물에 담가 뚜껑을 덮고 어두운 곳에서 해감을 한다.

- 조개를 담근 물에 소금, 철로 된 수저를 넣고 어두운 곳에 2시간 정도 해감한다.
- 조개의 종류, 촉감, 크기 등에 대해 이야기 나눈다. 조개에 관한 자연관찰 책을 보는 것도 좋다.
- 조개의 종류 중 알고 있는 것이 있나요?

2 시금치는 믹서기에 갈아서 즙을 짜고, 단호박은 쪄서 으깨어 수제비 반죽을 만든 다음 비닐에 싸서 냉장고에 시간 정도 놓아둔다.

- 시금치를 믹서기에 갈아서 즙이 되는 모습을 관찰한다.
- 시금치의 색은 믹서기에 갈기 전과 후에 어떻게 달라졌나요?
- 찐 단호박을 주걱으로 으깨면 어떻게 변하는지 이야기 나눈다.
- 찐 단호박은 잘 으깨지나요?
- 밀가루 반죽에 시금치와 단호박을 넣으니 색이 어떻게 변했는지 관찰한다.
- 밀가루 반죽이 처음에 반죽할 때와 어떻게 달라졌나요?

3 냄비에 물을 올려 멸치와 다시마를 넣어 육수를 끓이고 감자, 애호박, 양파, 당근도 썰어서 준비한다.

- 안전을 위해 감자와 당근, 애호박, 양파는 부모님과 함께 썬다.

4 밀가루 반죽을 밀대로 밀어 모양틀에 찍거나 여러형태의 다양한 모양을 만들어 본다.

- 모양 틀에 찍으면서 숫자를 세어 보아요.
- 수제비 반죽을 틀로 찍으면서 1부터 10까지 숫자를 세어 볼까요?

5 3의 육수에 바지락조개와 야채를 넣고 끓기 시작하면 4의 반죽을 넣어 끓여서 그릇에 담아낸다.

- 조개가 끓는 물에 들어가기 전과 후의 모습을 관찰해 본다.
- 조개를 끓는 물에 넣었더니 어떻게 변했나요?
- 수제비가 끓는 냄새와 맛은 어떤지 이야기 나눈다.
- 시금치와 단호박을 넣은 반죽은 밀가루로만 반죽했던 수제비와 맛이 어떻게 다를 것 같은가요?
- 수제비 반죽, 바지락조개, 감자, 양파, 당근, 애호박 각각의 맛과 모든 재료가 함께 어우러진 맛을 느끼며 이야기 나눈다.

요리팁

☆ 반죽에 시금치즙과 으깬 단호박이 들어가므로 물의 양을 잘 조절해야 한다. 그리고 반죽을 냉장숙성시키면 더욱 쫄깃한 수제비를 맛볼 수 있다.

2 버섯나라 피자왕

★영양팁★

양송이버섯은 버섯 중 단백질 함량이 가장 높으며 섬유소와 수분이 풍부하여 포만감을 주므로 다이어트에 좋다.
토마토는 레드푸드의 선두 주자로 동맥경화와 간경화에 특히 좋다.

재료(10인분) 또띠아 4장, 양송이버섯 10개(150g), 표고버섯 5장(100g), 새송이버섯 2개(200g), 피망 1개(120g), 양파 1개(200g), 파인애플 100g, 슬라이스 치즈 8장, 토마토 1개(200g), 피자 치즈 200g, 토마토 케첩 200g, 토마토페이스트 100g

필요한 도구 도마, 칼, 볼, 오븐, 프라이팬, 계량컵, 계량스푼, 저울

만드는 방법

1 양송이버섯, 표고버섯, 새송이버섯은 모양을 살려 얇게 썰어준다. 파인애플, 피망, 토마토, 양파, 슬라이스 치즈를 잘게 잘라 준다.

- 🧑‍🍳 버섯, 피망, 토마토, 양파의 색깔, 모양, 촉감에 대해 이야기 나눈다.
- 🍴 • 준비된 채소들의 모양은 각각 어떤가요?
  • 만져본 후 느낌을 말해 볼까요?
- 🧑‍🍳 • 칼을 사용하는 방법을 알려주고 각각의 채소를 썰어 본다.
  • 양파는 매우니 썰고 난 후 눈을 만지지 않게 주의 시켜준다.

2 토마토 케첩과 토마토페이스트를 볼에 담아 섞은 후 썰어 놓은 채소와 버무린다. 버섯은 나중에 장식하기 위해 섞지 않는다.

- 🧑‍🍳 모두 섞으면 어떤 맛이 날지 이야기 나눈 후 직접 먹어본다.
- 🍴 • 토마토 케첩과 토마토페이스트의 향은 어떤가요?
  • 우리가 썰었던 채소를 모두 넣고 버무려 볼까요?

3 팬에 또띠아를 앞뒤로 살짝 구워 **2**의 채소들을 올리고 그위에 버섯과 치즈(슬라이스치즈, 파자치즈)를 올린다.

- 🧑‍🍳 피자 치즈가 익기 전의 모습과 익은 후 어떤 모습으로 변할지 맛은 어떨지 이야기 나눈다.
- 🍴 • 피자가 뜨거운 오븐에서 구워지면 어떤 변화가 있을까요?
  • 피자가 익으면 냄새는 어떨까요?

4 200도로 예열한 오븐에 10분 동안 굽는다(프라이팬에 약한 불에서 지긋이 구워도 좋다).

- 🧑‍🍳 피자는 어느 나라 음식인지 이야기 나눈다.
- 🍴 • 피자는 어느 나라 음식일까요?
  • 이탈리아 음식이에요.

5 접시에 담아 맛있게 먹는다.

- 🧑‍🍳 • 사먹는 피자와 맛이 어떻게 다른지 이야기 나눈다.
  • 피자 치즈가 어떻게 변했는지 이야기 나눈다.
- 🍴 • 피자 치즈가 뜨거운 오븐에서 어떻게 변했나요?
  • 버섯은 어떻게 변했나요?

> **요리팁**
> ☆ 토마토는 씨 부분을 빼고 넣어야 물이 생기지 않는다.
> ☆ 토핑재료는 팬에 살짝 볶아서 사용하면 수분이 덜 생긴다.

아동요리활동의 실제 • **97**

 옹기종기 우리가족 과자집

★영양팁★
아몬드에 함유된 각종 비타민의 항산화효과는 노화예방과 피부미용에 도움이 되고 두뇌발달에도 좋은 식품이다.

🧂 **재료**(10인분) 식빵(토스트식빵:사각) 40장, 생크림, 딸기잼, 각종과자, 견과류(아몬드), 장식용(파슬리, 당근)

👨‍🍳 **필요한 도구** 접시, 볼, 숟가락, 거품기, 스페츌라, 잼 나이프, 저울

만드는 방법

1. 식빵의 테두리를 잘라내고, 식빵사이에 딸기잼을 바르고 층층이 쌓는다.

- 식빵으로 집의 기초를 세운다.
  - 식빵으로 집의 기초를 세울 거에요.
  - 기초를 튼튼히 해야 집이 쓰러지지 않겠지요?
  - 잼을 빈틈없이 바르며 식빵을 쌓아보아요.

2. 층층이 쌓은 식빵으로 집의 형태를 만든다.

- 지붕을 만드는 등 각자 상상속의 집모양을 만들어본다.
- 지붕은 사각형의 식빵을 대각선으로 잘라 삼각형을 만들어 올려본다.
  - 지붕의 모양을 어떻게 만들어볼까요? 뾰족하게? 납작하게? 원하는 모양으로 만들어볼까요?
  - 사각형을 자르면 몇각형이 될까요? 모두 한번 잘라볼까요?

3. 집모양의 식빵에 생크림을 바른다.

- 생크림을 바르며 이야기를 나눈다.
- 생크림은 집을 지을 때 사용되는 시멘트와 같은 역할을 해요.

4. 주어진 과자로 예쁘게 붙여가며 꾸민다.

- 다양한 모양의 과자를 이용해 집을 꾸며본다. 동그라미, 네모, 세모 등 다양한 과자를 준비하여 꾸며본다.
  - 여러 가지 과자를 이용해 우리 가족이 사는 집을 꾸며볼까요?
  - 우리 가족은 몇 명인가요?
  - 우리 가족의 이름을 불러볼까요?

요리팁
☆ 생크림을 휘핑할때는 같은 방향으로 빠르게 저어 주어야 모양이 단단하게 유지된다.

아동요리활동의 실제 • 99

둥실둥실 파인애플보트볶음밥

★영양팁★
파인애플은 비타민C가 많고, 브로멜린이라는 단백질 분해효소가 있어 소화와 연육작용에 효과가 있다.

재료(10인분) 밥 400g, 파인애플 2개(껍질 채로 준비), 파프리카 200g, 양파 100g, 당근 100g, 새우 300g, 굴소스

필요한 도구 도마, 칼, 프라이팬, 주걱, 저울, 계량스푼

만드는 방법

1 파인애플은 세로로 반을 잘라주고 속은 1cm정도로 칼집을 내서 깍둑 썰어 파내 준다.

- 파인애플을 잘라 속을 파내고 볶음밥을 담을 접시로 이용할 준비를 한다.
- 파인애플을 속을 파내고 접시로 이용할 거랍니다.
- 속은 볶음밥에 넣을 예정이에요.
- 파인애플의 향은 어떤가요?
- 색은 어떤 색이지요?

2 파프리카, 양파, 당근도 파인애플 크기로 썰어 준다.

- 볶음밥에 들어갈 채소를 썰어둔다.

3 새우는 끓는 물에 데친 후 작게 썰어 준다.

- 데친 새우를 식혀 아이에게 썰게 한다. 새우는 딱딱하지 않으므로 크기가 크지 않을 경우 자르지 않아도 좋다.
- 새우의 색이 데치기 전과 후 어떻게 달라졌나요?

4 팬에 기름을 두르고 채소를 볶다가 밥, 파인애플, 새우, 굴소스(소금 또는 간장)를 넣고 함께 섞어서 볶아준다.

- 채소는 딱딱한 순서대로 볶아준다.
- 딱딱한 채소를 먼저 볶을거에요. 그럼 어떤 재료를 먼저 볶아야 할까요?

5 속을 파낸 파인애플에 4의 볶음밥을 담아낸다.

- 잘라서 속을 파낸 파인애플에 볶음밥을 담으며 이야기를 나눈다.
- 잘라놓은 파인애플을 보면 어떤 모양이지요?
- 볶음밥을 담을 파인애플을 배라고 생각하고 꾸며볼까요?

요리팁

☆ 밥을 고슬고슬하게 지어야 파인애플 과즙이 들어가도 질어지지 않는다.
☆ 통조림 파인애플을 이용할 경우 화학처리가 되어 있어 부드럽지만 영양성분은 크게 떨어진다.

# 방긋방긋 우리가족 컵케이크

★영양팁★
고구마에는 베타카로틴이 많아 면역기능 향상에 도움을 주며, 식이섬유가 많아 열량이 낮고 포만감을 준다.

재료(10인분)(1인당 4개) 카스테라 4개, 생크림 1000ml, 설탕 100g, 고구마 3개(360g), 방울토마토, 아몬드, 초콜릿 펜

필요한 도구 도마, 빵칼, 컵, 거품기, 체, 컵케이크용 컵, 볼, 원형틀, 계량컵, 계량스푼, 밀대 또는 지퍼백, 저울

만드는 방법

1 사전 준비사항 : 완성된 생크림, 자른 카스테라, 고구마무스

① 500㎖ 생크림에 50g 설탕을 넣고 한쪽 방향으로 저어준다.

② ①의 생크림을 짤주머니에 넣어준다.

③ 카스테라를 1cm 두께로 잘라 컵 크기에 맞게 잘라준다.

④ 고구마무스 만들기
삶은 고구마를 으깬 후 식힌다. 500㎖ 생크림을 설탕 50g를 넣고 거품을 올린다. 으깬 고구마와 생크림을 넣고 섞어준 후 냉장고에서 1시간가량 차갑게 식힌다.

2 두개의 카스테라 위 밤색부분을 제거한 후 손으로 으깨어 체에 거른다.

- 카스테라를 손으로 으깨어 보면서 누구에게 줄 케이크를 만들지 이야기를 나누어 본다.
  - 케이크는 무슨 날에 먹는 빵일까요?
  - 무슨 케이크를 좋아하나요?
  - 오늘 만든 케이크는 누구한테 선물할까요?

3 컵에 카스테라 → 고구마무스 → 생크림 → 카스테라 → 생크림 순으로 담아준다.

- 컵 속에 들어가는 재료들을 미리 설명해 주고 재료가 컵에 넘치지 않게 도와준다.
- 이때 고구마무스와 생크림은 짤주머니로 이용하면 골고루 담을 수 있다.

4 재료를 담은 컵에 카스테라 가루를 뿌려 준다.

5 완성된 컵케이크 위에 과일, 아몬드, 초콜릿펜 등을 이용해 장식한다.

- 컵케이크 위에 가족이나 친구 얼굴을 자유롭게 표현 할 수 있도록 한다.
  - 케이크에 어떤 모양으로 꾸며볼까요?
  - 가족 얼굴을 만들어 볼까요?

요리팁

☆ 얼음물에 생크림을 담은 볼을 넣고 같은 방향으로 거품기나 핸드믹서를 이용해 저어주면 빨리 완성이 된다.

… Chapter 03

아동요리지도사 실기

아동요리지도사 실기시험문제

1
킹왕짱강정

⏰ 50분

요구사항

※ 주어진 재료를 사용하여 다음과 같이 견과류강정을 만드시오.

1. 견과류는 0.5cm 정도로 썰어서 준비하시오. (단, 지급된 재료의 크기에 따라 가감한다.)
2. 견과류강정을 3개 이상 만드시오

수험자 유의사항

1. 견과류강정이 너무 딱딱하거나 풀어지지 않게 해야 한다.
2. 견과류는 살짝 볶아서 사용한다.
3. 조리작품은 만드는 순서에 유의한다.
4. 지급재료는 이상이 없는지 확인하고 조리작품의 작품특성에 벗어나지 않도록 한다.

재료

재료	양	재료	양
아몬드	50g	물엿	50ml
호두	50g	식용유	50ml
호박씨	10g	지리멸치	10g
잣	10g	흑임자	5g
해바라기씨	10g		
설탕	50g		

만드는 방법

1. 아몬드는 반으로 썰어 팬에 살짝 볶는다.
2. 호두는 끓는 물에 5분 정도 데친 후 찬물에 헹군 다음 팬에 수분이 없어질 때까지 볶는다.
3. 호박씨, 해바라기씨도 끓는 물에 30초 데친 후 찬물에 헹구어 팬에 살짝 볶는다.
4. 잣은 고깔을 떼고 면보에 닦은 후 팬에 살짝 볶는다.
5. 지리멸치도 팬에 살짝 볶은 후 체에 쳐서 준비한다.
6. 팬이 달궈지면 식용유로 닦아내고 설탕과 물엿을 넣고 실이 날 때까지 끓인다.
7. 6의 시럽에 견과류와 멸치를 넣고 버무려 한 덩어리가 되면 동그랗게 모양을 만들어 접시에 담아낸다.

아동요리지도사 실기시험문제

2

꽃절편

50분

🏷️ 요구사항

※ 주어진 재료를 사용하여 다음과 같이 꽃절편을 만드시오.

1. 완성된 꽃절편은 직경 5㎝ 정도 크기로 하시오.
2. 꽃절편은 5개 이상 만드시오.

🏷️ 수험자 유의사항

1. 반죽의 농도에 유의한다.
2. 반죽은 삼색을 내서 사용한다.
3. 조리작품은 만드는 순서에 유의한다.
4. 지급재료는 이상이 없는지 확인하고 조리작품의 작품특성에 벗어나지 않도록 한다.

📌 재료

멥쌀가루 150g	물엿 10ml
팥앙금 50g	참기름 5ml
비트가루 10g	
쑥가루 10g	
단호박 10g	
설탕 20g	

만드는 방법

1. 멥쌀은 잘 씻어서 5시간 이상 불린 후 방앗간에서 곱게 빻아온다.
2. 멥쌀가루는 굵은체에 내려서 물을 넣고 중간체에 내린다.
3. 2에 설탕을 넣어 고루 섞는다.
4. 찜기에 시루밑을 깔고 쌀가루를 올리고, 김오른 찜기에 15분 정도 찐다.
5. 4의 반죽을 충분히 치댄 후 삼색 반죽을 만든다.
6. 소는 10g정도씩 떼서 동그랗게 만들어 놓는다.
7. 반죽은 20g정도씩 떼서 소를 넣고 오무린 다음 삼색을 올려 떡살로 모양을 내거나 반죽을 방망이로 밀어서 소를 넣고 싸서 모양을 낸다.

아동요리지도사 실기시험문제

3

공모양 경단

50분

요구사항

※ 주어진 재료를 사용하여 다음과 같이 경단을 만드시오.
1 경단은 직경 3㎝ 정도로 만드시오.
2 경단고물의 색상은 2가지 이상으로 준비하시오.

수험자 유의사항

1 경단은 모양이 일정하게 해야 한다.
2 색상이 선명하게 나도록한다.
3 조리작품은 만드는 순서에 유의한다.
4 지급재료는 이상이 없는지 확인하고 조리 작품의 작품특성에 벗어나지 않도록 한다.

재료

재료	양
찹쌀가루(젖은 찹쌀가루)	200g
단호박가루	10g
쑥가루	5g
백련초(비트)가루	5g
흑임자(코코아)가루	5g
카스테라(150g 정도)	1개
소금	10g

만드는 방법

1 찹쌀가루는 체에 내린 후 끓는 물에 소금을 약간 넣고 익반죽해서 비닐에 씌워 잠시 둔다.
2 카스테라는 고운체에 내려 여러 가지 색을 넣어 고물로 준비한다.
3 찹쌀반죽은 직경 2.5㎝ 정도 크기로 새알심을 만든다.
4 끓는 물에 소금을 넣고 3의 찹쌀 새알심을 넣어 익힌다.
5 새알심이 익어서 동동 떠오르면 찬물에 담가서 냉각시킨다.
6 5의 새알심을 물기를 제거하고 각각의 고물에 굴려서 담아낸다.

아동요리지도사 실기시험문제

4
월남쌈

50분

요구사항

※ 주어진 재료를 사용하여 다음과 같이 월남쌈을 만드시오.

1. 채소는 6cm×0.5cm×0.5cm 정도로 하시오.(지급된 재료의 크기에 따라 가감한다.)
2. 월남쌈 5개 이상 만드시오.

수험자 유의사항

1. 라이스페이퍼가 찢어지지 않아야한다.
2. 조리작품은 만드는 순서에 유의한다.
3. 지급재료는 이상이 없는지 확인하고 조리작품의 작품특성에 벗어나지 않도록 한다.

재료

재료	분량	재료	분량
라이스페이퍼	6장	슬라이스햄	3장
청피망	1/4개	파인애플(슬라이스 통조림)	2개
홍피망	1/4개	소금	5g
양상추	2장	설탕	30g
맛살	60g	통깨	10g
깻잎	6장	식초	15ml
오이	1/2개	땅콩버터	30g

만드는 방법

1. 맛살은 6cm×0.5cm×0.5cm 크기로 준비한다.
2. 햄은 끓는 물에 데쳐서 맛살과 같은 크기로 썬다.
3. 파인애플은 0.5cm 크기로 썬다.
4. 홍피망, 청피망, 양상추, 깻잎, 오이는 6cm×0.5cm×0.5cm 크기로 채 썬다.
5. 깨는 곱게 갈아서, 땅콩버터, 식초, 설탕을 넣고 소스를 만든다.
6. 라이스페이퍼는 물에 담궈 부드럽게 한다.
7. 6에 채소와 맛살, 햄, 파인애플을 넣고 돌돌 말아서 소스와 같이 낸다.

아동요리지도사 실기시험문제

5
채소 찐빵
50분

요구사항

※ 주어진 재료를 사용하여 다음과 같이 채소찐빵을 만드시오.

1. 채소는 0.5cm 정도로 하시오.
   (단, 지급된 재료의 크기에 따라 가감한다.)
2. 찐빵은 5개 이상 만드시오.

수험자 유의사항

1. 밀가루와 채소가 고루 섞어지도록 한다.
2. 달걀은 흰자 노른자를 분리하여 사용한다.
3. 조리작품은 만드는 순서에 유의한다.
4. 지급재료는 이상이 없는지 확인하고 조리작품의 작품특성에 벗어나지 않도록 한다.

재료

중력분(우리밀가루)	100g	우유	90ml
단호박	10g	유산지	4개
건포도	10g	옥수수	10g
당근	10g	완두콩	10g
B.P	10g	설탕	60g
달걀	1개	소금	1g

만드는 방법

1. 단호박, 당근은 사방 0.5cm 크기의 주사위 모양으로 썬다.
2. 옥수수, 완두콩은 끓는 물에 살짝 데친 후 찬물에 헹궈 체에 바쳐 물기를 제거한다.
3. 건포도는 물에 헹군 후 체에 바쳐 물기를 제거한다.
4. 달걀은 노른자, 흰자를 구분하여 거품기로 크림색이 날때까지 거품을 낸 다음 설탕을 넣어 고루 섞는다.
5. 베이킹파우더와 밀가루, 소금은 체로 쳐서 **4**와 우유랑 부드럽게 섞는다.
6. 물기 제거한 단호박, 당근, 옥수수, 완두콩, 건포도에 날밀가루 1큰술을 섞고 **5**의 반죽과 함께 섞는다.
7. 틀에 유산지를 깔고 반죽의 2/3를 채워 김이 오른 찜통에 20분간 쪄낸다.

요구사항

※ 주어진 재료를 사용하여 다음과 같이 유부주머니밥을 만드시오.

1 유부가 터지지 않게 내용물을 적당량 넣어 완성하시오.
2 유부는 끓는 물에 데쳐서 사용하시오.
3 유부주머니는 5개를 제시하시오.

수험자 유의사항

1 재료가 충분히 익도록 조리한다.
2 조리작품은 만드는 순서에 유의한다.
3 지급재료는 이상이 없는지 확인하고 조리작품의 작품특성에 벗어나지 않도록 한다.

재료

밥	180g	당근	10g
다시마	5cm	단무지	10g
조미술	15ml	식초	10ml
간장	15ml	설탕	10g
유부	5장	소금	5g
소고기	20g	식용유	10ml
우엉	20g		

만드는 방법

1 유부는 밀대로 밀어서 끓는 물에 데친 후 찬물에 헹군다.
2 데친유부는 물기를 제거하고 윗부분을 잘라 낸 후 다시물, 설탕, 간장, 조미술에 졸인다.
3 소고기는 곱게 다져서 간장, 설탕, 조미술로 양념해서 볶는다.
4 우엉, 당근은 채 썰어 냄비에 식용유를 넣고 볶다가 물, 설탕, 간장을 넣어 약불에 은근히 졸여서 다진다.
5 단무지는 곱게 다진다.
6 밥에 소고기, 우엉, 당근, 단무지를 잘 섞는다.
7 조려진 유부 속에 6의 밥을 넣어 유부주머니밥을 완성한다.

아동요리지도사 실기시험문제

7

동글동글 미역국

40분

요구사항

※ 주어진 재료를 사용하여 다음과 같이 미역국을 만드시오.

1. 미역은 불려서 사용하시오.
2. 소고기는 충분히 볶아 사용하시오.
3. 찹쌀새알심을 만들어 사용하시오.

수험자 유의사항

1. 국물과 건더기의 양이 적당하도록 조리한다.
2. 조리작품은 만드는 순서에 유의한다.
3. 지급재료는 이상이 없는지 확인하고 조리작품의 작품특성에 벗어나지 않도록 한다.

재료

한우(양지)	30g	다진마늘	5g
건미역	5g	소금	5g
국간장	5ml	찹쌀가루	100g
참기름	5ml		

만드는 방법

1. 미역은 찬물에 불려서 깨끗이 씻어 적당한 크기로 준비한다.
2. 찹쌀가루는 익반죽해서 직경 2㎝ 정도의 새알심을 만들어 끓는물에 삶아 놓는다.
3. 소고기는 핏물을 제거하고 얇게 썬다.
4. 냄비에 참기름을 두르고 소고기, 불린미역에 마늘을 넣고 볶다가 육수 또는 물을 부어 팔팔 끓인다.
5. 미역국이 팔팔 끓으면 국간장과 소금으로 간을 맞춘다.
6. 5에 삶아 놓은 새알심을 넣어 완성한다.

아동요리지도사 실기시험문제

8

두부 스테이크

50분

요구사항

※ 주어진 재료를 사용하여 다음과 같이 두부스테이크를 만드시오.

1. 재료를 충분히 다져서 사용하시오.
2. 재료가 흩어지거나 부스러지지 않도록 치대어 반죽하여 사용하시오.

수험자 유의사항

1. 재료가 충분히 익도록 조리한다.
2. 조리작품은 만드는 순서에 유의한다.
3. 지급재료는 이상이 없는지 확인하고 조리작품의 작품특성에 벗어나지 않도록 한다.

재료

두부 100g	토마토케찹 20g
당근 20g	하이라이스분말 10g
양파 50g	우스터소스 5ml
피망 30g	올리고당 5g
밀가루 20g	소금 약간
달걀 1개	후추 약간
물(또는 육수) 50ml	

만드는 방법

1. 두부를 면보에 싸서 물기를 제거하고 곱게 으깬다.
2. 당근, 양파, 피망을 곱게 다진다.
3. 두부, 당근, 양파, 피망에 밀가루와 달걀을 섞고 소금, 후추로 간을 한다.
4. 3의 반죽을 충분히 치댄 후 둥근 모양으로 만든다.
5. 팬을 달군 후 4의 두부스테이크가 부서지지 않게 지진다.
6. 팬을 준비하여 소스(물 또는 육수, 토마토케찹, 하이라이스분말, 우스터소스, 올리고당, 후추)를 끓여서 스테이크 위에 얹어낸다.

아동요리지도사 실기시험문제

9

꼬마김밥

50분

요구사항

※ 주어진 재료를 사용하여 다음과 같이 꼬마김밥을 만드시오.

1. 재료를 적당한 길이로 잘라 사용하시오.
2. 재료를 잘 볶아 사용하시오.
3. 꼬마김밥 12개 이상 만드시오.

수험자 유의사항

1. 김밥이 풀어지거나 터지지 않도록 말아야 한다.
2. 조리작품은 만드는 순서에 유의한다.
3. 지급재료는 이상이 없는지 확인하고 조리작품의 작품특성에 벗어나지 않도록 한다.

재료

밥 180g	시금치 2줄기
햄 30g	김 2장
단무지 50g	소금 약간
당근 50g	참기름 약간

만드는 방법

1. 시금치는 끓는 물에 소금을 넣고 데친 후 찬물에 헹궈서 물기를 제거하고 소금, 참기름으로 무친다.
2. 단무지는 흐르는 물에 헹군 후 물기를 닦고 0.5cm 두께로 길게 썬다.
3. 햄은 단무지와 같은 굵기로 썰어 달군 팬에 살짝 볶는다.
4. 당근도 같은 크기로 썰어 끓는 물에 소금을 넣고 데친 후 팬에 기름을 두르고 살짝 볶는다.
5. 김은 살짝 구운 후 반으로 자른다.
6. 김발위에 김을 놓고 밥을 골고루 펴서 준비한 속재료를 올려서 돌돌 만다.
7. 김밥을 2cm 길이로 썰어 담아낸다.

아동요리지도사 실기시험문제

10

감자버거

50분

요구사항

※ 주어진 재료를 사용하여 다음과 같이 감자버거를 만드시오.

1. 채소는 다지고, 감자는 찌거나 삶아서 사용하시오.
2. 모양이 흐트러지지 않게 재료를 충분히 치대어 사용하시오.
3. 감자버거는 2개 이상 만드시오.

수험자 유의사항

1. 재료가 충분히 익도록 조리한다.
2. 조리작품은 만드는 순서에 유의한다.
3. 지급재료는 이상이 없는지 확인하고 조리 작품의 작품특성에 벗어나지 않도록 한다.

재료

찐감자	1개	설탕	5g
양파	1/6개	소금 약간	
노랑 파프리카	1/4개	후추 약간	
초록 파프리카	1/4개		
달걀	1개		
식용유	10ml		

만드는 방법

1. 찐감자는 뜨거울 때 껍질을 벗겨 으깨어 준다.
2. 양파는 다져서 소금을 뿌려 매운맛을 제거한 후 프라이팬에 볶아서 사용한다.
3. 파프리카는 잘게 다져서 프라이팬에 볶는다.
4. 으깬 감자와 볶은 채소를 섞어 달걀 노른자를 넣고 치대어 준다.
5. **4**의 반죽을 동글 납작한 모양으로 빚어 놓는다.
6. 팬에 식용유를 두르고 **5**의 감자패티가 부서지거나 타지 않게 구워낸다.

아동요리지도사 실기시험문제

11

어묵꼬치

50분

요구사항

※ 주어진 재료를 사용하여 다음과 같이 어묵꼬치를 만드시오.

1. 어묵은 끓는 물에 데쳐서 사용하시오.
2. 어묵꼬치는 3개 이상 만드시오.

수험자 유의사항

1. 재료의 전처리에 유의한다.
2. 조리작품은 만드는 순서에 유의한다.
3. 지급재료는 이상이 없는지 확인하고 조리 작품의 작품특성에 벗어나지 않도록 한다.

재료

어묵	100g	메추리알	3개
무	50g	조미술	20ml
쑥갓	20g	어묵꼬치(20cm)	3개
건다시마	5g		
멸치	20g		
간장	30ml		

만드는 방법

1. 어묵은 적당한 크기로 썰어 끓는 물에 데친 후 헹군다.
2. 메추리알은 완숙으로 익혀서 껍질을 벗긴다.
3. 꼬치에 어묵을 보기좋게 끼워서 만들어 놓는다.
4. 멸치는 머리와 내장을 제거하고 냄비에 넣고 살짝 볶은 후 다시마, 대파, 무, 물을 넣고 끓여 다시 물을 만들어 면보에 걸러둔다.
5. 4의육수에 간장, 소금, 조미술을 넣어 어묵육수를 완성한다.
6. 5의 육수가 끓으면 어묵꼬치와 메추리알을 넣고 한소끔 끓여 그릇에 담아낸다.

🏷 요구사항

※ 주어진 재료를 사용하여 다음과 같이 꽃만두를 만드시오.

1. 만두피는 삼색으로 만드시오.
2. 꽃만두 6개 이상 만드시오.

🏷 수험자 유의사항

1. 재료가 충분히 익도록 조리한다.
2. 조리작품은 만드는 순서에 유의한다.
3. 지급재료는 이상이 없는지 확인하고 조리 작품의 작품특성에 벗어나지 않도록 한다.

📍 재료

닭고기(소고기)	50g	마늘	10g
두부	20g	깨소금	5g
숙주	20g	참기름	5ml
건표고버섯	1개	생강	5g
밀가루	100g	소금	약간
비트(시금치)	10g	후추	약간
대파	20g		

만드는 방법

1. 밀가루를 체에 내려 소금을 넣고 물(비트, 시금치 등)을 넣어 만두피 반죽을 만든 다음 면보에 싸서 숙성시킨다.
2. 고기는 곱게 다지고, 두부는 면보에 싸서 물기를 제거하고 으깨어 놓는다.
3. 숙주는 끓는 물에 데쳐서 물기를 제거하고 곱게 다진다.
4. 건표고버섯은 물에 불려서 곱게 다진다.
5. 다진고기, 두부, 숙주, 표고버섯에 양념을 하여 만두소를 만든다.
6. 1의 반죽으로 만두피를 만들어서 5의 만두소를 넣고 꽃모양으로 만들어 찌거나 중탕으로 익혀낸다.

요구사항

※ 주어진 재료를 사용하여 다음과 같이 치즈볼강정을 만드시오.

1. 재료를 충분히 다져서 물기를 제거하고 사용하시오.
2. 치즈볼 5개 이상 만드시오.

수험자 유의사항

1. 재료가 충분히 익도록 조리한다.
2. 조리작품은 만드는 순서에 유의한다.
3. 지급재료는 이상이 없는지 확인하고 조리작품의 작품특성에 벗어나지 않도록 한다.

재료

재료	분량	재료	분량
동태살	100g	식용유	500ml
피자치즈	20g	양파	30g
밀가루	30g		
간장	20ml		
설탕	30ml		
물엿	30ml		

만드는 방법

1. 동태살은 해동 시킨 후 물기를 제거하고 곱게 으깬다.
2. 양파는 곱게 다져서 소금에 살짝 절여 물기를 제거한다.
3. 동태살에 밀가루와 **2**의 양파를 넣고, 소금, 후추로 간을 한 후 끈기가 생길때까지 충분히 치댄다.
4. **3**의 반죽을 둥근 모양으로 만들어 피자치즈를 넣고 오므려서 동그랗게 만든다.
5. 180도 기름에 **4**를 튀겨낸다.
6. 팬을 준비하여 소스(간장, 설탕, 물엿)가 끓어오르면 생선볼을 넣고 버무려서 담아낸다.

요구사항

※ 주어진 재료를 사용하여 다음과 같이 냠냠영양짱 잡채를 만드시오.

1. 고기, 채소는 6cm×0.3cm×0.3cm 정도로 하시오.
2. 재료의 색이 선명하게 볶아지도록 하시오.

수험자 유의사항

1. 재료가 충분히 익도록 조리한다.
2. 조리작품은 만드는 순서에 유의한다.
3. 지급재료는 이상이 없는지 확인하고 조리 작품의 작품특성에 벗어나지 않도록 한다.

재료

재료	분량	재료	분량
노란파프리카	1/3개	당면	20g
빨간파프리카	1/3개	마늘	10g
초록파프리카	1/3개	소금	5g
양파	1/4개	참기름	5ml
새송이버섯	30g	후추	약간
건표고버섯	1개	참깨	약간
소고기(닭고기, 돼지고기)	30g		

만드는 방법

1. 고기는 채 썰어 갖은 양념을 한다.
2. 새송이 버섯은 규격대로 채를 썬다.
3. 건표고버섯도 불린 후 같은 크기로 채썰어 양념을 한다.
4. 달군 팬에 식용유를 두르고 양파, 새송이버섯, 파프리카 순서로 간을 하여 볶는다.
5. 고기, 표고버섯도 볶아 놓는다.
6. 당면은 삶아서 유장처리 후 볶는다.
7. 6의 당면에 4, 5를 넣고 설탕, 참기름, 참깨를 넣어 버무려 담아낸다.

아동요리지도사 실기시험문제

15

뒤뒤빵빵 샌드위치

50분

요구사항

※ 주어진 재료를 사용하여 다음과 같이 샌드위치를 만드시오.

1. 바게트빵과 채소를 이용해서 자동차샌드위치를 만드시오.
2. 주어진 채소를 이용하여 자동차를 완성하시오.

수험자 유의사항

1. 계절야채를 이용하여 여러가지 모양으로 만든다.
2. 조리작품은 만드는 순서에 유의한다.
3. 지급재료는 이상이 없는지 확인하고 조리작품의 작품특성에 벗어나지 않도록 한다.

재료

재료	분량	재료	분량
바게트빵	1/2개	소금	5g
오이	1/2개	흰후추	5g
당근	1/4개	백설탕	30g
고구마(또는 감자)	300g	꼬치	5개
방울토마토	5개		
건포도	10g		
마요네즈	50g		

만드는 방법

1. 고구마(또는 감자)는 쪄서 뜨거울 때 껍질을 벗기고 으깬다.
2. 당근은 일부 다지고, 오이도 일부 다져서 물기를 제거한다.
3. 바게트빵은 자동차 모양을 만들기에 알맞게 자른 후 바게트 빵의 속을 파낸다.
4. 으깬 고구마(또는 감자)에 속을 파낸 빵과 당근, 오이를 섞어 마요네즈로 버무린다.
5. 모양낸 바게트에 **4**의 속을 채운다.
6. 속을 채운 바게트에 채소(또는 과일)를 이용하여 자동차를 완성한다.

아동요리지도사 실기시험문제

16
단호박 달걀찜

50분

요구사항

※ 주어진 재료를 사용하여 다음과 같이 단호박 달걀찜을 만드시오.

1. 단호박을 이용하여 달걀찜을 완성하시오.
2. 단호박 달걀찜은 중탕하거나 찜통에 쪄내시오.

수험자 유의사항

1. 재료가 충분히 익도록 조리한다.
2. 조리작품은 만드는 순서에 유의한다.
3. 지급재료는 이상이 없는지 확인하고 조리작품의 작품특성에 벗어나지 않도록 한다.

재료

미니단호박	1개	우유	50ml
달걀	2개	소금	10g

만드는 방법

1. 단호박은 위에서 1/4 정도 지점을 잘라 뚜껑을 만든다.
2. 단호박은 씨를 제거하고 속을 파낸다.
3. 달걀에 우유, 소금을 넣고 충분히 풀어 준다.
4. 3을 체에 걸러 알끈을 제거한다.
5. 단호박을 김이 오른 찜기에 5분 정도 익힌다.
6. 5에 달걀물을 부어 김이 오른 찜기에 20분 정도 익힌다.

요구사항

※ 주어진 재료를 사용하여 다음과 같이 연근조림을 만드시오.

1. 연근은 껍질을 벗기고, 0.5cm 두께로 썰어서 만드시오.
2. 연근은 데쳐서 사용하시오.

수험자 유의사항

1. 연근이 충분히 익도록 조리한다.
2. 조리작품은 만드는 순서에 유의한다.
3. 지급재료는 이상이 없는지 확인하고 조리작품의 작품특성에 벗어나지 않도록 한다.

재료

통연근	200g	식초	10ml
다시마	5g	물엿	30g
간장	50ml	참기름	10ml
설탕	30g		

만드는 방법

1. 연근은 껍질을 벗기고 0.5cm 두께로 썬다.
2. 연근이 잠길 정도의 끓는 물에 식초를 한 두방울 넣고 데쳐낸다.
3. 냄비에 연근이 잠길 정도로 다시물을 만든다.
4. 다시물에 간장, 설탕을 넣고 조림장을 만들어 연근을 넣고 속뚜껑 덮어 조린다.
5. 4의 연근이 충분히 익으면 물엿을 넣고 은근한 불에서 윤기나게 조린다.
6. 윤기나게 졸여지면 참기름을 넣고 불을 끈다.

아동요리지도사 실기시험문제

닭가슴살 떡갈비

50분

요구사항

※ 주어진 재료를 사용하여 다음과 같이 닭가슴살 떡갈비를 만드시오.

1 재료를 충분히 다져서 사용하시오.
2 완성된 떡갈비는 부서지지 않도록 만드시오.

수험자 유의사항

1 재료가 충분히 익도록 조리한다.
2 조리작품은 만드는 순서에 유의한다.
3 지급재료는 이상이 없는지 확인하고 조리작품의 작품특성에 벗어나지 않도록 한다.

재료

재료	양	재료	양
닭가슴살	100g	간장	20ml
연근	20g	설탕	10g
조랭이떡	50g	참기름	10ml
단호박	60g	참깨	5g
당근	10g	물엿	10g
대파	30g	후추	약간
마늘	10g		

만드는 방법

1 닭가슴살은 곱게 다지고 조랭이떡은 끓는물에 데쳐놓는다.
2 연근, 당근, 파, 마늘을 곱게 다진다.
3 1의 닭가슴살에 다진 채소와 양념을 넣고 잘 섞는다.
4 3의 반죽을 충분히 치대어서 적당한 모양으로 만들어 그 위에 데쳐낸 조랭이떡을 올린다.
5 팬을 달군 후 4의 떡갈비를 굽듯이 지진다.
6 팬에 소스(물, 간장, 설탕, 물엿)가 팔팔 끓으면 떡갈비를 넣어 잠깐 졸인다.
7 단호박을 팬에 구워 그 위에 6의 떡갈비를 올려서 담아낸다.

아동요리지도사 실기시험문제

19 어묵 커틀렛

50분

요구사항

※ 주어진 재료를 사용하여 다음과 같이 어묵 커틀렛을 만드시오.

1. 완성커틀렛은 튀김옷이 벗겨지지 않게 하시오.
2. 딥팻 프라이(Deep fat frying)로 하시오.

수험자 유의사항

1. 완성된 커틀렛의 색깔에 유의한다.
2. 조리작품은 만드는 순서에 유의한다.
3. 지급재료는 이상이 없는지 확인하고 조리작품의 작품특성에 벗어나지 않도록 한다.

재료

어묵 200g	오이피클 10g
밀가루 50g	양파 10g
달걀 1개	마요네즈 50g
빵가루 100g	
식용유 500ml	
파슬리 10g	

만드는 방법

1. 어묵은 끓는 물에 데쳐서 찬물에 헹군다.
2. 오이피클, 양파, 파슬리를 곱게 다져 마요네즈를 넣고 소스를 만든다.
3. 어묵에 밀가루를 충분히 무친 후 털어낸다.
4. 3에 달걀, 빵가루 순서로 옷을 입힌다.
5. 180도의 기름에서 4를 바삭하게 튀겨낸다.
6. 5의 커틀렛에 소스를 얹어낸다.

아동요리지도사 실기시험문제

20 초콜릿 퐁듀

50분

🏷 요구사항

※ 주어진 재료를 사용하여 다음과 같이 초콜릿 퐁듀를 만드시오.

1. 초콜릿을 충분히 다져서 사용하시오.
2. 빵과 과일은 적당한 크기로 만드시오.

🏷 수험자 유의사항

1. 재료가 잘 녹아 잘 섞이도록 한다.
2. 조리작품은 만드는 순서에 유의한다.
3. 지급재료는 이상이 없는지 확인하고 조리 작품의 작품특성에 벗어나지 않도록 한다.

📍 재료

초콜릿	100g	사과	50g
우유	100ml	바나나	50g
생크림	50ml		
버터	10g		
파인애플	50g		
식빵	50g		

만드는 방법

1. 초콜릿은 곱게 다진다.
2. 냄비에 우유, 생크림을 넣고 저으면서 끓이다 불을 끄고 60도씨 정도로 식힌다.
3. 2의 냄비에 다진 초콜릿을 넣고 거품기로 덩어리 없이 골고루 섞은 후 버터를 넣고 녹인다.
4. 3의 초콜릿은 굳어지지 않게 주의한다.
5. 빵, 과일은 먹기좋은 적당한 크기로 준비한다.
6. 따뜻한 초콜릿 소스에 빵, 과일을 코팅하여 담아낸다.

아동요리지도사 실기시험문제

21

새우달걀찜

40분

요구사항

※ 주어진 재료를 사용하여 다음과 같이 새우달걀찜을 만드시오.

1. 새우는 내장을 제거하고 사용하시오.
2. 달걀찜은 중탕하거나 찜통에 쪄내시오.

수험자 유의사항

1. 재료가 충분히 익도록 조리한다.
2. 조리작품은 만드는 순서에 유의한다.
3. 지급재료는 이상이 없는지 확인하고 조리작품의 작품특성에 벗어나지 않도록 한다.

재료

잔새우(껍질있는것)	1마리	설탕	15g
달걀	2개	조미술	15ml
다시마(사방 5cm)	1장	파슬리	1줄기
소금	10g		

만드는 방법

1. 새우는 껍질째 머리, 내장을 제거하고 물 1/3컵에 소금, 레몬을 넣고 익혀서 식으면 껍질을 벗긴다.
2. 냄비에 물 2컵을 넣고 다시마 육수를 만들어 식혀 놓는다.
3. 달걀에 소금을 넣고 충분히 풀어 준 후 **2**의 다시물 1컵, 조미술 1큰술, 설탕 1큰술을 넣고 섞는다.
4. **3**을 체에 걸러 알끈을 제거한다.
5. 그릇에 담아 위에 뜨는 기포를 제거한다.
6. 김이 오른 찜기에 8~10분 정도 익힌 후 파슬리로 장식한다.

아동요리지도사 실기시험문제

22

무깍두기

50분

요구사항

※ 주어진 재료를 사용하여 다음과 같이 무깍두기를 만드시오.

1 무(또는 오이)는 1.5cm 크기로 썰어서 만드시오.
2 깍두기는 전량 제출하시오.

수험자 유의사항

1 무(또는 오이)의 굵기가 일정하게 썰고, 재료가 잘 어우러지도록 한다.
2 조리작품은 만드는 순서에 유의한다.
3 지급재료는 이상이 없는지 확인하고 조리작품의 작품특성에 벗어나지 않도록 한다.

재료

재료	분량	재료	분량
무(또는 오이)	150g	설탕	5g
소금	25g	고춧가루	30g
쪽파	2뿌리	찹쌀풀	50g
마늘	2쪽		
생강	5g		
새우젓	10g		

만드는 방법

1 무(또는 오이)는 깨끗이 씻어 물기를 제거하고 1.5cm 정도의 크기로 준비한다.
2 무(또는 오이)는 소금물을 만들어 전체적으로 잘 절여지도록 한다.
3 쪽파는 깨끗이 다듬어 2㎝ 길이로 썰고, 마늘, 생강은 곱게 다진다.
4 새우젓은 곱게 다진다.
5 2의 절여진 무(또는 오이)는 물기 제거 후 고춧가루로 버무려 고춧가루 물을 들인다.
6 양념(찹쌀풀, 다진마늘, 생강, 새우젓, 쪽파, 설탕)을 준비한다.
7 6의 양념에 무(또는 오이)를 넣어 버무려 담아낸다.

아동요리지도사 필기

아동요리지도사

1 아동요리지도사의 정의

아동요리지도사는 아동기의 영양과 건강에 대한 기본적 이해와 신체 발달 등에 관한 지식 및 유아교육을 바탕으로 아동들의 연령별 발달단계에 필요한 적절한 요리활동을 선정하여 요리를 놀이로 놀이를 요리로 아동들이 흥미롭게 직접 참여할 수 있도록 지도해주는 역할을 한다.

또한 아동들의 지적능력, 감성, 탐구력, 창의력, 언어구사, 과학·수학의 논리 등 학습·정서발달에 도움을 주는 각종 요리를 통한 교육 프로그램을 기획, 교육, 운영, 평가, 피드백하여 아동요리교육을 전반적으로 지도하는 전문가를 말한다.

2 아동요리지도사의 역할

1. 요리활동에 도움이 되는 환경과 분위기를 만든다.
2. 아동들의 생각이나 표정, 말을 주의 깊게 관찰한다.
3. 아동들의 질문 종류에 따라 응답을 달리 한다.
4. 아동의 생각을 발전시키도록 요리활동 중에 습득한 내용을 학습과 연결되도록 유도하고 도와준다.
5. 아동이 주도적으로 요리활동을 할 수 있도록 돕는다.
6. 아동의 연령에 맞는 요리를 선정한다.
7. 요리주제에 맞는 재료와 도구를 준비한다.
8. 요리방법을 지도하며 함께 만든다.
9. 요리활동을 통하여 학습목표에 도달하도록 지도한다.
10. 요리활동 후에는 반드시 아동들의 흥미 수행능력 반응 등에 대해 기록하여 피드백 한다.
11. 요리활동시 안전과 정리정돈에 대해 자연스럽게 지도한다.
12. 아동의 보호자들에게도 놀이방법과 교육적 의미를 지도한다.

③ 아동요리지도사의 전망

❶ 현재 선진국의 경우 아동요리를 통하여 아동들의 식생활개선과 질병치유 등 아동요리교육에 대한 관심이 증가하고 우리나라에서도 다양한 방법으로 아동요리교육의 중요성이 부각되고 있으며 교육을 담당하는 전문가로서는 유아교육전공자, 식품영양학을 전공한 영양사, 아동요리지도자 등이 아동요리교육을 담당하고 있다.

❷ 앞으로 미래에는 영양사나 유치원교사, 어린이집교사가 조리교육의 기초와 함께 아동요리교육지도자 과정을 이수하여 아동들을 지도하는 아동요리교육 전문가로 자리매김할 것이다.

❸ 현재는 각 시·도의 교육기관(여성회관이나 어린이회관), 문화센터, 방과후 수업, 체험학교, 유치원, 어린이집, 보육시설 등에서 수요가 증가하고 있다.

❹ 개인적으로 홈스쿨링 형태로 운영하는 곳이 증가하고 있다.

❺ 대학에서도 교육역량사업 등 다양한 방법으로 아동요리지도자를 양성하는 곳이 증가하고 있는 추세이다.

❻ 아동교육의 일환으로 또 아동들의 건강한 식생활을 위하여 아동교육은 앞으로도 다양한 방면에서 수요와 공급이 늘어날 전망이므로 다양한 교육프로그램의 연구개발에 노력하고 전문직업인으로서의 자질을 향상시켜야 한다.

아동요리지도사 자격 필기시험 1

시험시간 60분　　**수험번호**　　　　　**성명**　　　　　**검인**

01 식품구성안의 식품군별 음식이 틀린 것은?

① 곡류 – 식빵　　② 고기, 생선류 – 우유
③ 과일류 – 귤　　④ 유지, 당류 – 설탕

02 남자 6세~8세 하루 에너지 권장량은?

① 1,200kcal　　② 1,800kcal
③ 1,600kcal　　④ 2,000kcal

03 체내의 포도당 역할로 옳은 것은?

① 뇌의 에너지원으로 쓰인다.
② 쓰고 남은 포도당은 근육으로 저장된다.
③ 필수아미노산으로 전환된다.
④ 불포화지방산으로 전환된다.

04 모유에 들어 있으며 영양기 두뇌발달에 중요한 당류는?

① 포도당　　② 과당
③ 글리세롤　　④ 갈락토오즈

05 인체의 정상적인 성장, 유지 및 기능에 필수적인 질소화합물을 공급해주며 1g당 4kcal를 내는 영양소는?

① 단백질　　② 탄수화물
③ 비타민　　④ 지방

06 다음 중 완전 단백질이 함유되어 있는 식품은?

① 돼지고기　　② 국수
③ 달걀　　④ 닭고기

07 불포화지방산의 설명으로 다른 것은?

① 인체 성장 및 기능유지에 중요한 지방산이다.
② 이중결합이 없는 지방산이다.
③ 어류, 견과류, 참기름 등의 많이 함유되어 있다.
④ 심혈관질환을 예방하는 지방산이다.

08 인체 내에 세포막을 구성하는 지질 성분은?

① 콜레스테롤　　② 글리세롤
③ 아라키돈산　　④ 인지질

09 각 비타민의 효능이 바르게 연결되어 있는 것은?

① 비타민B_2 – 세포 재생, 에너지 대사 관여
② 엽산 – 콜레스테롤 대사에 관여
③ 비타민C – 저항력 강화, 콜라겐 합성관여
④ 비타민K – 혈액응고에 관여

10 혈액응고에 관여하는 비타민은?

① 비타민K   ② 비타민B
③ 비타민A   ④ 비타민D

11 칼슘 흡수에 중요하게 작용하는 비타민으로 단백질과 결합하는 비타민은?

① 비타민A   ② 비타민B
③ 비타민K   ④ 비타민D

12 뇌가 건강해지는 식습관 중 틀린 것은?

① 흰쌀밥, 흰설탕보다 통 곡식을 먹는다.
② DHA와 EPA가 풍부한 생선을 먹는다.
③ 물은 영양소가 아니므로 신경 안 써도 된다.
④ 호두, 잣, 땅콩, 검은깨 등의 견과류를 섭취한다.

13 아동 비만을 예방하기 위한 식생활로 틀린 것은?

① 탄산음료는 가능한 제한한다.
② 육류보다는 어류를 활용하여 섭취한다.
③ 치즈는 유제품으로 많이 섭취해야 한다.
④ 튀기거나 볶음 조리법을 제한 한다.

14 아동 충치 발생이 가장 높은 식품은?

① 캐러멜   ② 딸기
③ 치즈   ④ 햄

15 정상인에게는 무해한 식품을 특정인이 섭취했을 때 그 식품에 대해 과도한 면역반응이 일어나는 것은?

① 성장장애   ② 알레르기
③ 주의력결핍증   ④ 과행동증

16 녹색채소를 삶을 때 녹황색으로 변하는 이유는?

① 엽록소의 Mg이 Cu로 치환되었으므로
② 엽록소의 페오피틴(Pheophytin)으로 변했으므로
③ 엽록소의 H가 Cu로 치환되었으므로
④ 엽록소의 클로로필라이드(Chlorophyllide)로 변했으므로

17 밀가루의 종류 중 박력분의 설명이 맞는 것은?

① 다목적으로 사용된다.
② 탄력성과 점성이 약하다.
③ 경질의 밀로 만든다.
④ 글루텐의 수분 흡착력이 크다.

18 난백의 기포형성에 좋지 않은 것은?

① 물   ② 레몬즙 같은 산
③ 설탕   ④ 우유나 난황속의 유지

19 피급식자의 영양소요량 결정에 고려해야 할 조건으로만 묶여진 것은?

① 연령, 성별, 노동강도
② 연령, 신장, 체중
③ 연령, 노동강도, 신장
④ 연령, 성별, 체중

20 식품의 냉동에 관한 설명으로 잘못된 것은?

① 냉동식품을 해동할 때는 뜨거운 물에 담그면 빨리된다.
② 냉동식품을 구입하면 재차 냉동하기보다는 빨리 사용한다.
③ 식품을 냉동할 때는 1회 사용분량씩 포장하여 보관한다.
④ 냉동식품을 조리할 때는 해동하지 않고 바로 가열 조리한다.

21 반상차림에서 기본식에 포함되지 않는 것은?

① 간장   ② 탕
③ 밥   ④ 회

22 조리장의 위생조건이 아닌 것은?

① 주거, 세탁장과 격리되어 있어야 한다.
② 내부는 조리실과 처리실이 구분되어 있지 않아도 무방하다.
③ 채광, 환기가 잘 되어야 한다.
④ 건조한 장소이어야 한다.

23 다음의 조리용 소도구의 용도가 옳게 된 것은?

① 그라인더(Grinder) - 소고기를 갈 때 사용
② 휘퍼(Whipper) - 감자 껍질을 벗길 때 사용
③ 믹서(Mixer) - 재료를 다질 때 사용
④ 필러(Peeler) - 골고루 섞거나 반죽할 때 사용

24 찜은 무엇을 이용한 조리법인가?

① 수증기의 삼투압   ② 수증기의 비중
③ 수증기의 표면장력   ④ 수증기의 잠열

25 단시간에 조리되므로 영양소의 손실이 가장 적은 조리방법은?

① 볶음   ② 구이
③ 튀김   ④ 조림

26 천연 동물성 지방이 튀김기름으로 부적당한 이유의 설명으로 맞는 것은?

① 융점이 높아 식으면 기름이 굳어 질감이 저하된다.
② 요오드값이 커서 산화안정성이 향상된다.
③ 쇼트닝성이 작아 튀김을 질기게 한다.
④ 발연점이 높아 연기를 많이 형성한다.

27 김치 저장 중 김치조직의 연부현상이 나타났다. 그 이유에 대한 설명으로 가장 거리가 먼 것은?

① 조직을 구성하고 있는 펙틴질이 분해되기 때문에
② 김치가 국물에 잠겨 수분을 흡수하기 때문에
③ 미생물이 펙틴분해효소를 생성하기 때문에
④ 용기에 꼭 눌러 담지 않아 내부에 공기가 존재하여 호기성

28 다음 설명 중 신선란은?

① 수양난백이 농후난백보다 많다.
② 난황이 넓적하게 퍼진다.
③ 삶았을 때 난황표면이 쉽게 암록색으로 변한다.
④ 기실부가 거의 생성되지 않았다.

29 약과를 반죽할 때 필요 이상으로 기름과 설탕을 넣으면 어떤 현상이 일어나는가?

① 매끈하고 모양이 좋다.
② 튀길 때 풀어진다.
③ 켜가 좋게 생긴다.
④ 튀길 때 둥글게 부푼다.

30 축육의 결합조직을 장시간 물에 넣어 가열했을 때의 변화는?

① 콜라겐이 젤라틴으로 된다.
② 액틴이 젤라틴으로 된다.
③ 엘라스틴이 젤라틴으로 된다.
④ 미오신이 젤라틴으로 된다.

31 다음 중 효소가 아닌 것은?

① 유당(lactose)   ② 말타아제(maltase)
③ 펩신(pepsin)   ④ 레닌(rennin)

32 지용성 비타민으로만 된 항목은?

① 비타민 A, D, E, K
② 비타민 A, B, E, P
③ 비타민 B, C, P, K
④ 비타민 C, D, E, P

33 일반적으로 프로비타민 A를 많이 함유하는 식품은?

① 효모   ② 녹엽채소
③ 콩나물   ④ 감자

34 유지의 품질저하에 대한 설명으로 맞는 것은?

① 불포화지방산이 많은 것은 공기의 산화를 받기 쉽다.
② 유지를 갈색 병에 넣어두면 햇빛이 비치는 곳이라도 상관없다.
③ 가열온도가 낮을수록 산화가 촉진된다.
④ 스테인리스 냄비를 사용했을 때 산화가 가장 빠르다.

35 이당류가 아닌 것은?

① 설탕(sucrose)   ② 과당(fructose)
③ 유당(lactose)   ④ 맥아당(maltose)

36 아밀로펙틴만으로 구성된 것은?

① 멥쌀 전분　② 보리 전분
③ 고구마 전분　④ 찹쌀 전분

37 지방의 산패를 촉진시키는 요인과 거리가 먼 것은?

① 토코페롤　② 금속
③ 효소　④ 자외선

38 결합수에 관한 특성 중 맞는 것은?

① 끓는점과 녹는점이 매우 높다.
② 미생물의 번식과 발아에 이용된다.
③ 식품조직을 압착하여도 제거되지 않는다.
④ 보통의 물보다 밀도가 작다.

39 해안에서 멀리 떨어진 산간지방 주민에게 해산물의 섭취부족으로 결핍되기 쉬운 무기질은?

① Ca　② I
③ Mg　④ Fe

40 식품과 그 저장법의 연결이 잘못된 것은?

① 보리차, 차 – 배건법
② 당면, 한천 – 냉동건조법
③ 고구마, 무, 배추 – 움저장
④ 햄, 베이컨 – CA저장법

41 야채류의 감별법 중 틀린 것은?

① 양배추는 가볍고 잎이 얇으며 신선하고 광택이 있는 것이 좋다.
② 우엉은 살집이 굳고 외피가 부드러운 것이 좋다.
③ 당근은 둥글고 살찐 것으로 짧고 마디가 없는 것이 좋다.
④ 오이는 굵기가 고르며 만졌을 때 가시가 있고 무거운 느낌이 나는 것이 좋다.

42 일반적으로 당장법(당조림)은 식품중 당이 몇 % 이상 함유되어 있어야 저장의 효력을 가지는가?

① 0~40%　② 10~20% 이하
③ 20~30%　④ 50~60% 이상

43 다음 중 주로 동결건조로 제조되는 식품은?

① 한천 · 당면　② 크림케이크
③ 설탕　④ 분유

44 식품 중의 수용성 비타민, 무기질 및 기타 수용성 영양 성분을 가장 크게 용출시키는 조리법은?

① 볶음　② 구이
③ 끓이기　④ 튀김

45 어육의 동결저장과 관련된 설명이 잘못된 것은?

① 어육의 동결에 의한 변성은 분산매인 물이 동결함으로써 단백질 입자가 상호 접근하여 결합하게 된다.
② 식품에서 얼음 결정을 작게 하기 위하여 최대빙결정 생성대를 되도록 빨리 통과시키는 것이 필요하다.
③ 식품에서 단백질의 변성은 최대빙결정생성대인 −5 ~ −1℃에서 최소를 보인다.
④ 일단 동결된 식품은 냉장 온도에서 완만하게 해동시키는 것이 표면부분이나 내부가 균일하게 녹고, 드립(drip)을 적게 하는 효과가 있다.

46 식품위생법상 화학적 합성품의 정의는?

① 모든 화학반응을 일으켜 얻은 물질을 말한다.
② 모든 분해반응을 일으켜 얻은 물질을 말한다.
③ 화학적 수단에 의하여 원소 또는 화합물에 분해반응 외의 화학반응을 일으켜 얻은 물질을 말한다.
④ 원소 또는 화합물에 화학반응을 일으켜 얻은 물질을 말한다.

47 식품위생법의 주요한 목적과 가장 거리가 먼 것은?

① 식품영양의 질적 향상 도모
② 전염병에 관한 예방에 기여
③ 국민보건의 증진에 기여
④ 식품으로 인한 위생상의 위해 방지

48 조리사를 두어야 할 영업장은?

① 유흥주점 ② 복어조리점
③ 일반음식점 ④ 레스토랑

49 식품위생법상 집단 급식소에 대한 설명 중 올바른 것은?

① 일시적으로 불특정 다수인에게 음식물을 공급하는 영리 급식시설
② 계속적으로 특정 다수인에게 음식물을 공급하는 비영리 급식시설
③ 일시적으로 불특정 다수인에게 음식물을 공급하는 비영리 급식시설
④ 계속적으로 특정 다수인에게 음식물을 공급하는 영리 급식시설

50 조리사가 식품위생법 제 40조의 규정에 의한 교육을 받지 아니한 때 1차 위반시 행정처분 기준은?

① 업무정지 4월 ② 업무정지 2월
③ 업무정지 3월 ④ 업무정지 1월

51 식품 및 식품첨가물의 규격 기준은 누가 정하는가?

① 국무총리
② 서울특별시장이나 도지사
③ 식품의약품안전청장
④ 대통령

52 일반음식점영업 중 모범업소를 지정할 수 있는 사람은?

① 관할 보건소장
② 관할 경찰서장
③ 관할 시장·군수·구청장
④ 행정자치부장관

53 식품위생법, 식품공전 등에 명시된 식품의 "규격"은 무엇에 관한 것인가?

① 식품의 보존방법　② 식품의 성분
③ 식품의 크기　　　④ 식품의 무게

54 미생물 종류 중 크기가 가장 작은 것은?

① 효모(Yeast)　　② 바이러스(Virus)
③ 곰팡이(Mold)　 ④ 세균(Bacteria)

55 다음 중 보존제를 가장 잘 설명한 것은?

① 식품중의 부패 세균이나 전염병의 원인 균을 사멸시키는 물질
② 식품에 발생하는 해충을 사멸시키는 물질
③ 식품의 변질 및 부패를 방지하고 영양가와 신선도를 보존하는 물질
④ 곰팡이의 발육을 억제 시키는 물질

56 빵을 구울 때 기계에 달라붙지 않고 분할이 쉽도록 하기 위하여 사용하는 첨가물은?

① 피막제　② 이형제
③ 유화제　④ 조미료

57 민물고기를 생식한 일이 없는 경우에 간흡충에 감염될 가능성이 있는 것은?

① 채소의 생식으로 감염
② 가재, 게 등의 생식으로 감염
③ 조리 기구를 통해서 감염
④ 공기전파로 감염

58 다음 기생충들 중 주로 야채를 통해 감염되는 것은?

① 십이지장충, 간흡충　② 회충, 민촌충
③ 촌충, 광절열두조충　④ 회충, 편충

59 다음 세균성 식중독 중 신경증상을 일으키는 것은?

① 아리조나 식중독
② 리스테리아 식중독
③ 클로스트리디움 보툴리눔 식중독
④ 장염 비브리오 식중독

60 식품위생법에서 의미하는 원료, 제조, 가공 및 유통의 각 단계에서 발생할 수 있는 위해요소를 분석, 관리하여 식품의 안정성을 확보하는 제도는?

① 회수제도(recall)　② HACCP
③ 공표제도　　　　 ④ ISO 인증

정답

1.②	2.③	3.①	4.④	5.①	6.③
7.②	8.④	9.④	10.①	11.④	12.③
13.③	14.①	15.②	16.②	17.②	18.④
19.①	20.①	21.④	22.④	23.①	24.④
25.③	26.①	27.②	28.④	29.②	30.①
31.①	32.①	33.②	34.①	35.②	36.④
37.①	38.③	39.②	40.④	41.①	42.④
43.①	44.③	45.③	46.③	47.②	48.②
49.②	50.④	51.③	52.②	53.②	54.②
55.③	56.②	57.③	58.④	59.③	60.②

아동요리지도사 자격 필기시험 2

시험시간 60분 **수험번호** **성명** **검인**

01 아동기의 영양 중 설명이 틀린 것은?

① 물은 영양소가 없으므로 영양 관리 대상이 아니다.
② 당질은 1g당 4kacl 에너지를 낸다.
③ 지질은 가장 효율적인 에너지원이다.
④ 단백질은 새로운 조직을 만드는데 중요한 영양소이다.

02 뇌의 에너지원은?

① 단백질 ② 지질
③ 비타민 ④ 포도당

03 탄수화물 섭취가 많을 때 비타민B군을 같이 섭취해야하는 이유는?

① 산·염기평형에 관여하는 조효소이기 때문이다.
② 수분 평형에 관여하는 조효소이이기 때문이다.
③ 탄수화물이 혈당으로 운반하는 과정에서의 조효소이기 때문이다.
④ 에너지 생성에 관여하는 조효소이기 때문이다.

04 동물세포막의 구성성분이고 동물에 필수적인 물질을 합성하는데 필요한 필수성분이지만 심장, 혈관류의 병의 원인이 된 지질은?

① 불포화지방산 ② 콜레스테롤
③ 중성지방 ④ 포화지방산

05 신체 내에서 합성이 안 되어 음식물로만 섭취해야하는 아미노산은?

① 글리코겐 ② 필수아미노산
③ 스테로이드 ④ 지단백

06 중성지질은 무엇으로 구성되어 있는가?

① 지방산과 비타민
② 지방산과 아미노산
③ 지방산과 글리세롤
④ 지방산과 인지질

07 단백질이 인체내에 최종흡수물질은?

① 아미노산 ② 글리코겐
③ 케톤체 ④ 리놀산

08 지용성 비타민의 특성으로 옳은 것은?

① 흡수와 대사에 지방과 관련이 있다.
② 체내에 저장이 안된다.
③ 주로 소변으로 배설이 된다.
④ 에너지를 만든다.

09 뼈와 충치예방, 근육의 만성 피로와 통증 처방에 이용되는 무기질은?

① 칼륨　　　　② 티록신
③ 마그네슘　　④ 아연

10 비타민 E가 상대적으로 풍부한 식품은?

① 바나　　　　② 견과류
③ 두부　　　　④ 달걀

11 즉석식품이 아동에게 안 좋은 이유는?

① 비타민 함량이 높다.
② 비교적 불포화지방산 함량이 높다.
③ 비교적 불포화지방산 함량이 높다.
④ 음식의 양의 비해 열량이 높다.

12 아동 간식으로 적당한 것은?

① 야채과자　　　② 부드러운 우유맛 캔디
③ 얼린 요쿠르트　④ 초콜릿바

13 아동의 편식을 개선하기 위해 잘못된 식사요법은?

① 또래들과 같이 어울려 식사할 수 있도록 환경을 조성한다.
② 요리를 할 때 함께 참여시킨다.
③ 편식은 성장이 또래보다 늦어지므로 좋아하는 음식 위주로 많이 준다.
④ 식사는 정해진 시간과 정해진 장소에서 하도록 한다.

14 비만아동의 식사요법으로 잘못된 것은?

① 체중을 감소시키기 위해 저칼로리 식사만 준다.
② 가공식품보다는 자연식품 위주로 식단 구성한다.
③ 식사시간을 정해놓고 규칙적인 식사를 한다.
④ 음식의 간은 싱겁게 조리한다.

15 아동에게 나타날 수 있는 알레르기 유발 식품이 아닌 것은?

① 토마토　　　② 우유
③ 땅콩　　　　④ 밥

16 전분의 호화에 대한 설명 중 틀린 것은?

① 부유 상태이다.
② 미셀(micell)이 파괴된다.
③ X선 동심원율이 소실된다.
④ 점성이 생긴다.

17 채소를 냉동시킬 때 전처리로 데치기(blanching)을 하는 이유와 가장 거리가 먼 것은?

① 살균효과　　　② 부피감소 효과
③ 효소파괴 효과　④ 탈색 효과

18 음식의 색을 고려하여 녹색채소를 무칠 때 가장 나중에 넣어야 나는 조미료는?

① 소금　　　　② 고추장
③ 설탕　　　　④ 식초

19 오이지를 담글 때나 김장배추를 절일 때 주로 사용하는 소금은?

① 꽃소금　　② 정제염
③ 재제염　　④ 호염

20 달걀 조리 시 응고성에 대한 내용 중에서 틀린 것은?

① 수란을 만들 때 끓는 물에 소금이나 식초를 넣으면 빨리 응고되나, 표면의 광택이 상실될 수 있다.
② 설탕을 달걀 혼합물에 넣으면 응고온도가 높아져 부드럽게 된다.
③ 달걀은 가열하면 응고되므로 농후제 또는 젤 형성을 위하여 사용된다.
④ 달걀은 높은 온도에서 신속히 가열하는 것이 부드러운 텍스쳐를 만들어 준다.

21 샌드위치를 만들고 남은 식빵을 냉장고에 보관하였더니 딱딱해졌다. 냉장저장 중 일어나는 이러한 변화를 가장 잘 설명한 것은?

① 전분 – 호화　　② 지방 – 산화
③ 단백질 – 젤화　　④ 전분 – 노화

22 마요네즈 제조 시 기름과 난황이 분리되기 쉬운 경우는?

① 기름을 조금씩 넣을 때
② 밑이 둥근 모양의 그릇에서 만들 때
③ 기름의 양이 많을 때
④ 한 방향으로만 저을 때

23 조리장의 위생조건이 아닌 것은?

① 주거, 세탁장과 격리되어 있어야 한다.
② 내부는 조리실과 처리실이 구분되어 있지 않아도 무방하다.
③ 채광, 환기가 잘 되어야 한다.
④ 건조한 장소이어야 한다.

24 조리장 신축이나 개조 시 고려해야 할 기본 조건에 속하지 않는 것은?

① 능률면　　② 경제면
③ 위생면　　④ 복지면

25 조리방법 중 습열 조리법에 속하지 않는 것은?

① 편육　　② 장조림
③ 불고기　　④ 꼬리곰탕

26 토란을 조리하기 위하여 삶을 때 미리 식초나 명반을 약간 넣는 가장 중요한 이유는?

① 맛을 특히 좋게 하기 위해서
② 색을 희게 하고 겉의 조직감을 단단하게 유지시키기 위해서
③ 국물이 뽀얗게 우러나오게 하기 위해서
④ 국물이 걸쭉하게 우러나오게 하기 위해서

27 식품의 냉동에 관한 설명으로 잘못된 것은?

① 냉동식품을 해동할 때는 뜨거운 물에 담그면 빨리된다.
② 냉동식품을 구입하면 재차 냉동하기보다는 빨리 사용한다.
③ 식품을 냉동할 때는 1회 사용분량씩 포장하여 보관한다.
④ 냉동식품을 조리할 때는 해동하지 않고 바로 가열 조리한다.

28 조미료의 사용 순서로 맞는 것은?

① 향이 있는 조미료는 조리 중 불끄기 직전에 넣는다.
② 양조 조미료는 조리가 끝날 때 사용한다.
③ 향이 없는 조미료는 장시간 가열한 후 넣는다.
④ 조미료는 요리에 따라 넣는 순서가 일정하다.

29 식단표 작성 항목과 거리가 먼 것은?

① 대치식품　　② 요리명
③ 성인 환산치　④ 각 재료와 그 분량

30 정월 대보름날(음력 1월 15일)의 절식이 아닌 것은?

① 오곡밥　　② 떡국
③ 복쌈　　　④ 약식

31 황함유 아미노산은?

① 트레오닌　　② 프로린
③ 글리신　　　④ 메티오닌

32 다음 중 당질의 구성요소가 아닌 것은?

① 탄소　　② 산소
③ 질소　　④ 수소

33 지질의 소화효소는?

① 레닌　　　② 펩신
③ 리파아제　④ 아밀라아제

34 어유와 일반 식물유의 차이점은?

① 어유는 포화지방산이 많고 요오드가가 적다.
② 어유는 불포화지방산이 적고 요오드가가 높다.
③ 어유에는 불포화지방산이 많고 혼합 글리세리드이다.
④ 어유는 불포화지방산이 적고 요오드가가 적다.

35 버터나 마가린이 지니는 중요한 물리적 성질은?

① 점탄성　　② 탄성
③ 가소성　　④ 점성

36 유지 산패에 영향을 주는 조건과 가장 거리가 먼 것은?

① 지방산의 불포화도　② 팽윤제
③ 산화방지제　　　　④ 온도

37 카제인이 산이나 효소에 의하여 응고되는 성질을 이용한 식품은?

① 치즈　　　② 크림스프
③ 버터　　　④ 아이스크림

38 식품의 감별로 적합하지 않은 것은?

① 송이버섯 봉오리가 크고 줄기가 부드러운 것
② 달걀 표면이 거칠고 광택이 없는 것
③ 감자, 고구마 병충해, 발아, 외상, 부패 등이 없는 것
④ 생과일 성숙하고 신선하며 청결한 것

39 생육의 환원형 미오글로빈은 신선한 고기의 표면이 공기와 접촉하여 분자상의 산소와 결합하여 옥시 미오글로빈으로 된다. 이 옥시미오글로빈의 색상은?

① 선명한 적색　② 회갈색
③ 적자색　　　④ 분홍색

40 우리나라의 전통적인 향신료가 아닌 것은?

① 생강　② 고추
③ 팔각　④ 겨자

41 전통적인 식혜 제조방법에서 엿기름에 대한 설명이 잘못된 것은?

① 엿기름의 효소는 수용성이므로 물에 담그면 용출된다.
② 엿기름을 가루로 만들면 효소가 더 쉽게 용출된다.
③ 엿기름 가루를 물에 담가 두면서 주물러 주면 효소가 더 빠르게 용출된다.
④ 식혜제조에 사용되는 엿기름의 농도가 낮을수록 당화 속도가 빨라진다.

42 비교적 펙틴과 산이 적어 잼 제조에 부적당한 과일은?

① 사과, 오렌지　② 복숭아, 포도
③ 딸기　　　　　④ 배, 감

43 쌀에서 식용으로 하는 부분은?

① 미강층　② 배아
③ 배유　　④ 외피

44 식품 저장 시 미생물 번식을 장기간 방지하기 위한 저장법과 거리가 먼 것은?

① 데치기　　　② 딸기잼
③ 무청시래기　④ 마늘장아찌

45 진공 건조법에 대한 특징을 올바르게 설명한 것은?

① 원료의 풍미를 그대로 가진다.
② 갈변 현상이 나타난다
③ 건조시 전기 소모가 많다.
④ 표면 경화 현상이 나타난다.

46 식품 중 형성된 미생물층의 특징이 잘못 설명된 것은?

① 가열처리된 식품에는 내열성균과 2차 오염균에 따른 미생물층이 형성된다.
② 신선한 식품엔 그 식품이 유래된 환경과 유사한 미생물층이 형성된다.
③ 원료의 가공, 저장이 저온환경에서 이루어질 경우 호냉세균이 형성된다.
④ 수분함량이 많은 식품에는 곰팡이류가 우선적으로 증식한다.

47 치즈, 마가린 및 버터 등의 보존료로 많이 사용되는 것은?

① 안식향산(benzoic acid)
② 이초산나트륨(sodium diacetate)
③ 프로피온산(propionic acid)
④ 데히드로초산(dehydroacetic acid)

48 미생물의 발육을 억제하여 식품의 부패나 변질을 방지할 목적으로 사용될 수 있는 것은?

① 호박산 나트륨   ② 글루타민산 나트륨
③ 안식향산 나트륨 ④ 규소수지

49 식중독 발생시 보호자의 조치사항 중 잘못된 것은?

① 식중독 발생 사실을 신고한다.
② 즉시 환자를 의사에게 진단하게 한다.
③ 환자의 가검물을 원인 조사 시까지 진단하게 한다.
④ 항생제를 복용시킨다.

50 삭시톡신(Saxitoxin)을 가지고 있는 어패류는?

① 바지락   ② 섭조개(대합조개)
③ 복어   ④ 독꼬치

51 덜 익은 매실, 살구씨, 복숭아씨 등에 들어 있으며, 인체장내에서 청산을 생산하는 것은?

① 시규톡신(cicutoxin)
② 테트로도톡신(tetrodotoxin)
③ 아미그달린(amygdlin)
④ 고시폴(gossypol)

52 살모넬라 식중독의 증상과 거리가 먼 것은?

① 시력장애   ② 복통
③ 설사   ④ 구토

53 합성 플라스틱 용기에서 용출될 수 있는 유독물질과 가장 거리가 먼 것은?

① 포르말린   ② 유기주석화합물
③ 에탄올   ④ 페놀

54 영업허가를 받아야 할 업종이 아닌 것은?

① 일반음식점영업 ② 유흥주점영업
③ 단란주점영업 ④ 식품첨가물제조업

55 일반음식점영업의 시설기준에 관한 설명으로 옳은 것은?

① 객실에 잠금장치를 설치할 수 없다.
② 영업장에 손님이 이용할 수 있는 자막용 영상장치를 설치할 수 있다.
③ 객실내에 음향 및 반주시설을 설치할 수 있다.
④ 객실내에 우주볼 등의 특수조명시설을 설치할 수 있다.

56 식품위생법상 식품첨가물에 속하는 것은?

① 고춧가루 ② 간장
③ 베이킹파우더 ④ 케첩

57 다음 중 허가를 받아야 하는 변경사항에 해당하는 것은?

① 영업자의 성명 변경
② 영업소의 상호 변경
③ 영업소의 명칭 변경
④ 영업소의 소재지 변경

58 다음 중 식품위생법에서 규정하고 있는 "영업"이 아닌 것은?

① 식품첨가물 제조업 ② 식품 용기 수입업
③ 식품운반·판매업 ④ 수산식품 채취업

59 식품위생법의 목적으로 볼 수 없는 사항은?

① 공중시설의 청결
② 위생상의 위해방지
③ 국민보건의 증진
④ 식품영양의 질적 향상

60 금지되는 식품의 표시기준과 거리가 먼 것은?

① 식품의 현란한 형광색 포장
② 의약품과 혼동할 우려가 있는 광고
③ 식품의 품질에 대한 과대광고
④ 제품설명서의 과대 표시

정답

1.①	2.④	3.④	4.②	5.②	6.③
7.①	8.①	9.③	10.②	11.④	12.③
13.③	14.①	15.④	16.①	17.④	18.④
19.④	20.④	21.④	22.③	23.②	24.④
25.③	26.②	27.①	28.①	29.③	30.②
31.④	32.③	33.①	34.①	35.③	36.②
37.①	38.①	39.①	40.③	41.④	42.④
43.③	44.①	45.①	46.④	47.④	48.③
49.④	50.②	51.①	52.①	53.③	54.①
55.①	56.③	57.④	58.④	59.①	60.①

아동요리지도사 자격 필기시험 3

시험시간 60분 **수험번호** **성명** **검인**

01 각 영양소의 1g당 열량이 바른 것은?

① 탄수화물:단백질:지방 = 4kcal:9kcal:4kcal
② 탄수화물:단백질:지방 = 9kcal:4kcal:9kcal
③ 탄수화물:단백질:지방 = 4kcal:4kcal:9kcal
④ 탄수화물:단백질:지방 = 4kcal:4kcal:4kcal

02 장내 세균이 분해하지 못하는 당은?

① 올리고당 ② 포도당
③ 글리세롤 ④ 과당

03 아동의 뇌 발달에 관여하는 DHA와 EPA 섭취를 위해 먹어야하는 식품은?

① 녹황색채소 ② 과일류
③ 소고기 ④ 등푸른 생선

04 지방 흡수에 중요한 작용을 하는 담즙산의 생성에 관여하는 지질은?

① 콜레스테롤 ② 아미노산
③ 글리세롤 ④ 글리코겐

05 신체 내에서 합성되지 않아 음식물로만 섭취해야하는 단백질은?

① 아라키돈산 ② 필수아미노산
③ 리놀산 ④ 리놀렌산

06 비타민의 설명으로 틀린 것은?

① 신체의 각종 대사에 관여한다.
② 에너지를 만든다.
③ 반드시 식품을 통해 섭취해야 한다.
④ 물에 녹는 수용성비타민과 기름에 녹는 지용성비타민으로 나눈다.

07 콜라겐 합성에 관여하는 비타민은?

① 비타민A ② 비타민B
③ 비타민C ④ 비타민D

08 칼슘의 흡수대사 설명으로 틀린 것은?

① 비타민C는 칼슘 흡수를 높인다.
② 칼슘은 지방과 함께 먹으면 흡수를 높일 수 있다.
③ 시금치, 무청, 근대등과 같은 엽채류에 많이 포함되어 있다.
④ 칼슘과 인의 비율이 1:1일 때 칼슘의 흡수율이 가장 좋다.

09 각 무기질의 효능의 연결이 다른 것은?

① 철분 – DNA 합성
② 인 – 에너지생성, 저장
③ 마그네슘 – 신경안정
④ 칼슘 – 혈액응고

10 아동 치아관리를 위한 올바른 식습관 형성 중 다른 것은?

① 인스턴트보다 자연식품을 이용한다.
② 단단한 식감의 식재료를 이용한다.
③ 끈적거리는 형태의 단 음식은 피한다.
④ 설탕은 제외시킬 수 없으므로 식사보다는 간식을 통해 설탕성분을 섭취한다.

11 아동의 간식은 1일 에너지양의 몇%가 적당한가?

① 10~15%
② 15~20%
③ 20~25%
④ 25~30%

12 편식 개선을 위한 방법 중 잘못된 것은?

① 조리방법을 다양하게 한다.
② 편식과 관련한 교육을 지속적으로 한다.
③ 부모 및 양육자가 편식습관이 있으면 먼저 교정한다.
④ 낯선 음식의 경우 새롭기 때문에 많이 먹게 하여 음식의 적응력을 높여준다.

13 아동기의 비만을 개선해야하는 가장 중요한 이유는?

① 또래보다 키가 작을 수 있으므로
② 체중이 많이 나가면 친구들에게 놀림의 대상이 될 수 있으므로
③ 이 시기에 지방세포의 수와 크기가 같이 늘어나는 시기이기 때문에
④ 식습관이 잘못 형성되기 때문에

14 배고파하는 비만아동에게 적당한 식사방법은?

① 식사를 줄이고 간식을 많이 준다.
② 채소나 해조류를 준다.
③ 공복감을 해소하기 위해 물을 준다.
④ 초콜릿을 준다.

15 아동의 간식을 제공할 때 옳지 않은 것은?

① 간식이 식사에 영향을 주지 않아야 한다.
② 편식이 나타날 수 있으므로 아이가 잘 먹는 것만 준다.
③ 계절식품을 적극 이용한다.
④ 가급적 가공식품보다는 자연식품을 제공한다.

16 다음과 같이 조리가 바람직하지 않게 된 이유로 부적당한 것은?

① 튀긴 도넛에 기름 흡수가 많음 : 낮은 온도에서 튀겼기 때문
② 생선을 굽는데 석쇠에 붙어 잘 떨어지지 않음 : 석쇠를 달구지 않았기 때문
③ 오이무침의 색이 누렇게 변함 : 식초를 미리 넣었기 때문
④ 장조림 고기가 단단하고 잘 찢어지지 않음 : 물에서 먼저 삶은 후 진간장을 부어 약한 불로 서서히 조렸기 때문

17 육류를 가열할 때 일어나는 변화 중 틀린 것은?

① 단백질의 응고
② 풍미의 생성
③ 중량증가
④ 비타민의 손실

18 하루 동안에 섭취한 음식 중에 단백질 70g, 지질 35g, 당질 400g이 있었다면 이 때 얻을 수 있는 열량은?

① 2295kcal ② 1995kcal
③ 2095kcal ④ 2195kcal

19 갈비구이를 하기 위한 양념장을 만드는데 사용되는 양념들 중 육질의 연화작용을 돕는 양념들로 묶인 것은 어느 것인가?

① 참기름 – 후춧가루 ② 배 – 설탕
③ 간장 – 마늘 ④ 양파 – 청주

20 급식소의 위치 선정 중 틀린 것은?

① 급수와 배수가 잘 되고 소음, 연기, 냄새처리가 쉬운 곳이어야 한다.
② 통풍이 잘 되고 밝고 청결한 환경이어야 한다.
③ 재료의 반입, 오물의 반출이 편리한 곳이어야 한다.
④ 지상 1층 보다는 지하층이 좋다.

21 용량을 측정하는 단위에서 1쿼터(Quart)는 약 몇 컵이 되는가?

① 약 1컵 ② 약 2컵
③ 약 3컵 ④ 약 4컵

22 식품의 냉동에 관한 설명으로 잘못된 것은?

① 냉동식품을 해동할 때는 뜨거운 물에 담그면 빨리된다.
② 냉동식품을 구입하면 재차 냉동하기보다는 빨리 사용된다.
③ 식품을 냉동할 때는 1회 사용분량씩 포장하여 보관한다.
④ 냉동식품을 조리할 때는 해동하지 않고 바로 가열 조리한다.

23 어패류의 조리법 중 구이에 대한 설명 중 잘못된 것은?

① 식품자체의 성분이 용출되지 않고 표피 가까이 보존된다.
② 수용성 영양소의 손실이 가장 크다.
③ 구이에 적당한 열원으로 방사열이 풍부한 것이 좋다.
④ 익히는 맛과 향이 잘 조화된다.

24 전분의 호정화를 이용한 식품은?

① 맥주 ② 식혜
③ 옥수수 뻥튀기 ④ 치즈

25 소고기 부위 중 결체 조직이 많아 구이에 부적당한 것은?

① 등심 ② 사태
③ 갈비 ④ 채끝

26 완숙한 계란의 난황 주위가 변색하는 경우를 잘못 설명한 것은?

① 신선한 계란에서는 변색이 거의 일어나지 않는다.
② 난백의 유황과 난황의 철분이 결합하여 황화철(FeS)를 형성하기 때문이다.
③ 오랫동안 가열하여 그대로 두었을 때 많이 일어난다.
④ 이 변색 현상은 pH가 산성일 때 더 신속히 일어난다.

27 생선의 비린내를 억제하는 방법으로 부적당한 것은?

① 냄새성분이 지용성이므로 식용유에 담궈 제거한다.
② 우유에 담가두었다 조리한다.
③ 식초나 술을 이용한다.
④ 간장, 된장, 고추장을 이용한다.

28 익은 콩을 먹어도 장내에서는 효소에 의한 소화가 안되고 가스 생성의 요인이 되는 것은 무엇 때문인가?

① 올리고당인 라피노오스(Raffinose)와 스타키오스(Stachyose) 때문이다.
② 적혈구 응집소인 헤마글루티닌(Hemagglutinin) 때문이다.
③ 적혈구 세포를 용해시키는 사포닌(Saponin) 때문이다.
④ 무기질 흡수를 방해하는 피트산(Phytic acid) 때문이다.

29 토마토크림 소스를 만들 때 일어나는 우유의 응고현상을 바르게 설명한 것은?

① 산에 의한 응고   ② 가열에 의한 응고
③ 염에 의한 응고   ④ 효소에 의한 응고

30 미숫가루를 만들 때 건열로 가열하면 전분이 열 분해 되어 덱스트린이 만들어진다. 이 열분해과정을 무엇이라고 하는가?

① 전분의 전화   ② 전분의 호정화
③ 전분의 호화   ④ 전분의 노화

31 다음 채소류 중 일반적으로 꽃 부분을 식용으로 하는 것과 가장 거리가 먼 것은?

① 브로콜리(broccoli)
② 컬리플라워(cauliflower)
③ 비트(beets)
④ 아티쵸크(artichoke)

32 유지의 변패정도를 나타내는 변수가 아닌 것은?

① 카르보닐가   ② 요오드가
③ 과산화물가   ④ 산가

33 일반적으로 프로비타민A를 많이 함유하는 식품은?

① 효모   ② 녹엽채소
③ 콩나물   ④ 감자

34 결합수에 관한 특성 중 맞는 것은?

① 끓는점과 녹는점이 매우 높다.
② 미생물의 번식과 발아에 이용된다.
③ 식품조직을 압착하여도 제거되지 않는다.
④ 보통의 물보다 밀도가 작다.

35 당도가 10%되는 설탕물 200cc가 내는 열량은?

① 60kcal
② 80kcal
③ 20kcal
④ 40kcal

36 다음 유지 중 필수지방산의 함량이 가장 높은 것은?

① 올리브유
② 참기름
③ 버터
④ 육류

37 무기질이 다량 들어 있는 식품은?

① 해조류
② 간
③ 설탕
④ 땅콩

38 식품의 쓴맛 성분이 맞지 않는 것은?

① 양파 껍질 히스타민(Histamine)
② 감귤류 껍질 나린진(Naringin)
③ 맥주 휴물론(Humulone)
④ 오이꼭지 쿠쿠르비타신(Cucurbitacin)

39 참기름에 함유된 항산화 성분은?

① 토코페롤
② 고시폴
③ 세사몰
④ 유게놀

40 매운맛을 내는 성분의 연결이 바른 것은?

① 생강 – 호박산(succinic acid)
② 고추 – 진져롤(gingerol)
③ 겨자 – 캡사이신(capsaicin)
④ 마늘 – 알리신(allicin)

41 식물성 식품의 아린 맛에 대한 설명이 잘못된 것은?

① 대표적인 아린 맛 성분으로 무기염류, 배당체, 탄닌, 유기산 등이 관계한다.
② 죽순, 토란의 아린 맛 성분은 아미노산의 대사산물이다.
③ 고사리, 우엉, 토란, 가지 등의 야채와 산채류에서 볼 수 있는 불쾌한 맛으로, 이 맛을 제거하기 위해 조리하기 전에 물에다 담근다.
④ 아린 맛은 혀 표면의 점성 단백질이 일시적으로 변성, 응고되어 일어나는 수렴성의 불쾌한 맛이다.

42 조개류가 국에서 독특한 맛을 내는 성분은?

① 글루타민산
② 크리아틴
③ 호박산
④ 이노신산

43 쓴약을 먹은 뒤 곧 물을 마시면 단맛이 나는 것은 맛의 무슨 현상인가?

① 소실현상
② 변조현상
③ 대비현상
④ 미맹현상

44 사과를 깎아 방치했을 때 나타나는 갈변현상과 관계없는 것은?

① 산화효소 ② 섬유소
③ 산소 ④ 페놀류

45 식품의 변질현상에 대한 설명 중 잘못된 것은?

① 변패는 탄수화물, 지방에 미생물이 작용하여 변화된 상태
② 부패는 단백질에 미생물이 작용하여 유해한 물질을 만든 상태
③ 산패는 유지식품이 산화되어 냄새발생, 색택이 변화된 상태
④ 발효는 탄수화물에 미생물이 작용하여 먹을 수 없게 변화된 상태

46 식품의 위생과 관련된 효모에 관한 설명 중 잘못된 것은?

① 요구르트, 김치 등 발효식품을 변질시킬 수 있다.
② 대부분 식중독을 일으키지 않는다.
③ 원핵세포로 된 단세포생물이다.
④ 출아법으로 증식한다.

47 식품의 오염방지에 관한 설명 중 잘못된 것은?

① 합성세제는 경성의 것을 사용
② 수확전의 일정기간 동안 농약 살포금지
③ 가정에서는 정화조를 설치 사용
④ 공장폐수는 정화한 후 방류

48 관능을 만족시키는 첨가물이 아닌 것은?

① 발색제 ② 조미료
③ 강화제 ④ 산미료

49 민물고기를 생식한 일이 없는데도 간디스토마에 감염될 수 있는 경우는?

① 민물고기를 요리한 도마를 통해서
② 해삼, 멍게를 생식했을 때
③ 다슬기를 생식했을 때
④ 오염된 야채를 생식했을 때

50 집단감염이 잘 되며 항문부위의 소양증이 있는 기생충증은?

① 간흡충 ② 회충
③ 요충 ④ 구충

51 화학물질에 의한 식중독을 일으키지 않는 물질은?

① 승홍 ② 만니톨
③ 붕산 ④ 포르말린

52 통조림 식품의 통조림관에서 유래될 수 있는 식중독 원인물질은?

① 주석 ② 카드뮴
③ 페놀 ④ 수은

53 곰팡이독(mycotoxin)과 관계 깊은 것은?

① 엔테로톡신(enterotoxin)
② 라이신(lysine)
③ 테트로도톡신(tetrodotoxin)
④ 아플라톡신(aflatoxin)

54 의약으로서 섭취하는 것을 제외한 모든 음식물은 무엇을 정의한 것인가?

① 식품첨가물 ② 식품
③ 수의약품   ④ 항생제

55 식품위생행정의 중심과제와 거리가 먼 것은?

① 새로운 조리방법의 개발
② 위조식품이나 변조식품 방지
③ 병원미생물에 의한 식품의 오염방지
④ 부패 또는 변질식품 배제

56 조리사가 식품위생법 제 40조의 규정에 의한 교육을 받지 아니한 때 1차 위반 시 행정처분 기준은?

① 업무정지 4월   ② 업무정지 2월
③ 업무정지 3월   ④ 업무정지 1월

57 판매할 수 있는 식품은?

① 약간 덜 익은 사과
② 공업용 색소를 사용한 빙과
③ 수입신고를 하지 않은 통조림
④ 리스테리아 병에 걸린 소고기

58 식품등의 규격 및 기준에 규정되어 있는 표준온도는?

① 15℃   ② 20℃
③ 25℃   ④ 10℃

59 다음 세균성 식중독 중 신경증상을 일으키는 것은?

① 아리조나 식중독
② 리스테리아 식중독
③ 클로스트리디움 보툴리늄 식중독
④ 장염 비브리오 식중독

60 식품위생법으로 정의한 식품의 정의 중 맞는 것은?

① 포장 용기와 모든 음식물
② 의약품을 제외한 모든 음식물
③ 모든 음식물
④ 담배등의 기호품과 모든 음식물

정답

1.③	2.①	3.④	4.①	5.②	6.②
7.④	8.②	9.①	10.④	11.①	12.④
13.③	14.②	15.②	16.④	17.③	18.④
19.②	20.④	21.④	22.①	23.②	24.③
25.②	26.④	27.①	28.①	29.①	30.②
31.③	32.②	33.②	34.③	35.②	36.①
37.①	38.①	39.③	40.③	41.④	42.③
43.②	44.②	45.④	46.③	47.②	48.③
49.①	50.③	51.②	52.①	53.④	54.②
55.①	56.④	57.①	58.②	59.④	60.②

아동요리지도사 자격 필기시험 4

시험시간 60분　　**수험번호**　　　　　　**성명**　　　　　　**검인**

01 식사구성안 설명이 틀린 것은?

① 식사구성안은 6가지로 나눠져 있다.
② 식사구성안 중 단백질이 가장 큰 부분을 차지하고 있다.
③ 식사구성안은 균형있는 영양섭취를 할 수 있도록 만든 것이다.
④ 식품군별 대표식품과 섭취 횟수 정보를 제공하고 있다.

02 아동기 에너지 권장량 올바른 설명은?

① 체표면적이 작기 때문에 기초대사량도 작다.
② 근육량이 적고 활동량이 적어 기초대사량이 작다.
③ 에너지 권장량은 영양소 구별 없이 에너지량만 채우면 된다.
④ 계속적인 성장발육과 성인에 비해 동일 동작에 대한 체중kg당 소비에너지가 크기 때문이다.

03 다음 탄수화물의 설명으로 틀린 것은?

① 체내 혈액의 0.2%가 당으로 함유되어 있다.
② 하루 섭취하는 에너지 비율에 가장 많이 차지하는 영양소이다.
③ 글리코겐 상태로 몸에 저장되어 있다.
④ 1g당 4kcal의 에너지 낸다.

04 탄수화물 중 열량원으로 이용하지는 못하나 배변작용을 촉진하는 영양소는 무엇인가?

① 섬유소　　② 글리코겐
③ 포도　　　④ 과당

05 아동기의 단백질 섭취로 가장 맞는 것은?

① 성장에 중요한 단백질이므로 식당 구성 시 단백질의 양을 가장 많이 넣는다.
② 단백질은 체내에 저장이 되지 않으므로 많이 먹어도 살이 찌지 않는다.
③ 양질의 단백질을 섭취하기 위해 단백질은 고기류로만 구성한다.
④ 계속적으로 성장하는 아동기의 단백질 섭취는 양질의 단백질을 충분히 섭취하는 것이 좋다.

06 지질 중 아동기 뇌 발달의 도움이 되고 콜레스테롤을 낮추는 작용을 하며 등푸른 생선에 많이 함유되어 있는 이 지질은?

① linoleic acid　　② oleic acid
③ DHA　　　　　④ palmitic acid

07 체내에 탄수화물이 부족하면 우리 몸은 저장되어 있는 지방을 에너지원으로 사용하기 위해 분해한다. 이 분해가 지속적으로 되면 우리 몸이 산성화되어 산독증이 나타나는데 이때 산독증을 일으키는 물질은?

① 과당
② 케톤체
③ 아미노산
④ 포도당

08 비타민의 설명으로 잘못 된 것은?

① 모든 비타민은 신체 각종 대사에 관여한다.
② 일부 체내에서 합성되는 비타민도 있지만 그 양이 적기 때문에 식품으로 섭취해 주는 것이 좋다.
③ 비타민은 용해성에 따라 수용성비타민과 지용성비타민으로 나눈다.
④ 세포막 구성성분이며 수용성과 지용성영양소를 통과하게 해주는 역할을 한다.

09 신생아의 경우 장내 무균상태로 이 비타민을 합성 못해 황달, 용혈, 뇌손상 등의 결핍증이 나타난다. 이 비타민은?

① 비타민K
② 비타민A
③ 비타민C
④ 비타민D

10 체내에서 단백질과 아미노산 대사에 필요하며 헤모글로빈을 구성하는 햄과 핵산을 만들 때와 신경전달물질을 만들 때 관여하는 비타민은?

① 비타민A
② 비타민B_2
③ 비타민C
④ 비타민B_6

11 다음 비타민과 결핍증이 잘못 연결 되어 있는 것은?

① 비타민B_1 – 각기병
② 나이아신 – 구강염
③ 비타민B_{12} – 괴혈병
④ 엽산 – 적혈구성 빈혈, 임신초기 태아의 신경관 손상

12 지용성비타민으로 햇빛에 노출이 되면 피부에 합성이 되는 비타민은?

① 비타민A
② 비타민K
③ 비타민D
④ 비타민E

13 무기질에 대한 설명으로 옳은 것은?

① 모든 비타민은 신체 각종 대사에 관여한다.
② 소량으로 신체조절에 도움을 준다.
③ 체내에서 합성이 된다.
④ 필요량이 소량으로 결핍증상은 없다.

14 성장기 어린이에게 중요한 칼슘 흡수를 방해하는 요인은?

① 비타민C가 함유된 식품과 같이 섭취
② 우유 섭취
③ 임신
④ 인 과다 섭취

15 갑상선 호르몬인 티록신의 구성성분으로 체온조절 기초대사율 조절, 단백질 합성 촉진 및 뇌의 정상적인 발달에 필수적인 무기질은?

① 아연
② 마그네슘
③ 요오드
④ 칼슘

16 소고기 30g을 두부로 대치하고자 한다. 두부는 약 몇g 필요한가? (단, 소고기 단백질 : 20.1g/100g 두부 단백질 : 8.6g/100g)

① 약 30g   ② 약 44g
③ 약 70g   ④ 약 90g

17 식품 내 단백질이 변성되었을 때 나타나는 성질이 아닌 것은?

① 소화 효소의 공격을 받기 어려움
② 침전 용이
③ 점도 상승
④ 용해도 저하

18 곰국이나 스톡을 조리하는 방법으로 은근하게 오랫동안 끓이는 조리법은?

① 포우칭(poaching)   ② 스티밍(steaming)
③ 블랜칭(blanching)   ④ 시머링(simmering)

19 노화가 잘 일어나는 전분은 다음 중 어느 성분의 함량이 높은가?

① 아밀로오스   ② 아밀로펙틴
③ 글리코겐   ④ 한천

20 어패류의 조리법에 대한 설명으로 옳은 것은?

① 조개류는 높은 온도에서 조리하여 단백질을 급격하게 응고시킨다.
② 바닷가재는 껍질이 두꺼우므로 찬물에 넣어 오래 끓여야 한다.
③ 작은 생새우는 강한 불에서 연한 갈색이 될 때 까지 삶은 후 모래정맥을 제거한다.
④ 생선숙회는 신선한 생선편을 끓는 물에 살짝 데치거나 끓는 물을 생선에 끼얹어 회로 이용한다.

21 신선한 달걀의 난황계수(yolk index)는 얼마 정도인가?

① 0.14~0.17   ② 0.25~0.30
③ 0.36~0.44   ④ 0.55~0.66

22 찹쌀떡이 멥쌀떡보다 더 늦게 굳는 이유는?

① pH가 낮기 때문에
② 수분함량이 적기 때문에
③ 아밀로오스 함량이 많기 때문에
④ 아밀로펙틴의 함량이 많기 때문에

23 다음 중 조리실 바닥 재질의 조건으로 부적합한 것은?

① 산, 알칼리, 열에 강해야 한다.
② 습기와 기름이 스며들지 않아야 한다.
③ 공사비와 유지비가 저렴하여야 한다.
④ 요철이 많아 미끄러지지 않도록 해야 한다.

24 가열에 의해 고유의 냄새성분이 생성되지 않는 것은?

① 장어구이   ② 스테이크
③ 커피   ④ 포도주

25 고구마 등의 전분으로 만든 얇고 부드러운 전분피로 냉채 등에 이용되는 것은?

① 양장피   ② 해파리
③ 한천   ④ 무

26 생선의 비린내를 억제하는 방법으로 부적당한 것은?

① 냄새성분이 지용성이므로 식용유에 담궈 제거한다.
② 우유에 담구었다 조리한다.
③ 식초나 술을 이용한다.
④ 간장, 된장, 고추장을 이용한다.

27 전분을 160~170℃의 건열로 가열하여 가루로 볶으면 물에 잘 용해되고 점성이 약해지는 성질을 가지게 되는데 이는 어떤 현상 때문인가?

① 가수분해　　② 호정화
③ 호화　　　　④ 노화

28 달걀의 열 응고성에 대한 설명으로 틀린 것은?

① 높은 온도에서 계속 가열하면 질겨진다.
② 산이나 식염을 첨가하면 응고가 촉진된다.
③ 노른자는 65℃ 정도에서 응고가 시작된다.
④ 설탕은 응고온도를 낮추어준다.

29 브로멜린(bromelin)이 함유되어 있어 고기를 연화시키는데 이용되는 과일은?

① 사과　　　　② 파인애플
③ 귤　　　　　④ 복숭아

30 육류의 사후경직 후 숙성 과정에서 나타나는 현상이 아닌 것은?

① 근육의 경직 상태 해제
② 효소에 의한 단백질 분해
③ 아미노산 질소 증가
④ 액토미오신의 합성

31 과일의 갈변현상을 억제하기 위한 방법으로 적합한 것은?

① 철로 된 칼로 껍질을 벗긴다.
② 설탕물에 담근다.
③ 껍질을 벗긴 후 바람이 잘 통하게 둔다.
④ 금속제 쟁반에 껍질 벗긴 과일을 담는다.

32 기름을 지나치게 가열할 때 생기는 자극성이 강한 물질은?

① 리놀레닉 액시드　　② 아크롤레인
③ 뷰티릭 액시드　　　④ 글리세롤

33 육류의 색의 안정제, 밀가루의 품질개량제, 과채류의 갈변과 변색 방지제로 이용되는 비타민은?

① 나이아신(Niacin)
② 리보플라빈(Riboflavin)
③ 티아민(Thiamin)
④ 아스코르빈산(Ascorbic acid)

34 동물성 식품의 부패경로는?

① 사후강직 → 자기소화 → 부패
② 자기소화 → 사후강직 → 부패
③ 사후강직 → 부패 → 자기소화
④ 자기소화 → 부패 → 사후강직

35 설탕용액에 미량의 소금(0.01%)을 가하면 단맛이 증가하는 현상은?

① 맛의 변조 ② 맛의 상쇄
③ 맛의 발현 ④ 맛의 대비

36 동물성 식품의 냄새 성분과 거리가 먼 것은?

① 암모니아류 ② 카르보닐화합물
③ 아민류 ④ 시니그린

37 일반적으로 겨울이 제철인 생선은?

① 뱀장어 ② 조기
③ 대구 ④ 민어

38 빵 제조시 설탕을 쓰는 목적과 가장 거리가 먼 것은?

① 표면의 갈색화에 도움을 준다.
② 단맛을 주기 위해서이다.
③ 곰팡이의 발육을 억제하기 위해서이다.
④ 효모의 성장을 촉진시키기 위해서이다.

39 못처럼 생겨서 정향이라고도 하며 양고기, 피클, 청어절임, 마리네이드 절임 등에 이용되는 스파이스는?

① 아니스 ② 캐러웨이
③ 코리앤더 ④ 클로브

40 주로 생선이나 육류요리에 쓰이는 향신료가 아닌 것은?

① 월계수 잎 ② 포피씨드
③ 파프리카 ④ 로즈마리

41 다음의 식품을 구입할 때 식품감별이 잘못된 것은?

① 육류는 고유의 선명한 색을 가지며, 탄력성이 있는 것이 좋다.
② 토란은 겉이 마르지 않고, 잘랐을 때 점액질이 없는 것이 좋다.
③ 과일이나 채소는 색깔이 고운 것이 좋다.
④ 어육연제품은 표면에 점액질의 액즙이 없는 것이 좋다.

42 생선묵의 탄력과 가장 관계 깊은 것은?

① 결합 단백질 – 콜라겐
② 색소 단백질 – 미오글로빈
③ 염용성 단백질 – 미오신
④ 수용성 단백질 – 미오겐

43 고기의 숙성을 가져오는 주된 원인은?

① 압력에 의한 파괴 ② 세포내의 자가분해
③ 광선에 의한 파괴 ④ 세균에 의한 부패

44 산과 당이 존재하면 특징적인 겔(Gel)을 형성하는 능력을 가진 것은?

① 글리코겐(Glycogen)
② 섬유소(Cellulose)
③ 펙틴(Pectin)
④ 전분(Starch)

45 마멀레이드(marmalade)에 대하여 바르게 설명한 것은?

① 과일즙에 설탕, 과일의 껍질, 과육의 얇은 조각이 섞여 가열·농축된 것이다.
② 과일의 과육을 전부 이용하여 점성을 띠게 농축한 것이다.
③ 과일을 설탕시럽과 같이 가열하여 과일이 연하고 투명한 상태로 된 것이다.
④ 과일즙에 설탕을 넣고 가열·농축한 후 냉각시킨 것이다.

46 과일, 채소류의 선도유지를 위해 표면 처리하는 식품 첨가물은?

① 강화제
② 피막제
③ 보존료
④ 품질개량제

47 황색포도당구균에 의한 식중독에 대한 설명으로 틀린 것은?

① 잠복기는 1~5시간 정도이다.
② 감염형식중독을 유발하며 사망률이 높다.
③ 주요 증상은 구토, 설사, 복통이다.
④ 장독소(enterrotoxin)에 의한 독소형이다.

48 유동파라핀의 사용 용도는?

① 껌기초제
② 이형제
③ 소포제
④ 추출제

49 식품의 오염방지에 관한 설명 중 잘못된 것은?

① 합성세제는 경성의 것을 사용
② 수확전의 일정기간 동안 농약 살포금지
③ 가정에서는 정화조를 설치 사용
④ 공장폐수는 정화한 후 방류

50 식품으로 인한 위생상의 위해 요인이 아닌 것은?

① 식품첨가물
② 위험 미생물
③ 복어, 바지락
④ 비타민 결핍

51 다음 중 보존료가 아닌 것은?

① 프로피온산나트륨
② 안식향산
③ 부틸히드록시아니졸
④ 소르빈산칼륨

52 중금속에 의한 화학적 식중독의 주요한 원인물질과 가장 관계가 적은 것은?

① 수은
② 납
③ 금
④ 카드뮴

53 살모넬라균의 특성이 잘못된 것은?

① 수모성 편모가 있다.
② 최적pH는 7~8이다.
③ 최적온도는 37℃이다.
④ 그램 양성균이다.

54 다음 중 식품위생감시원의 직무가 아닌 것은?

① 식품 제조방법에 대한 기준 설정
② 시설기준의 적합 여부의 확인·검사
③ 식품 등의 압류·폐기 등
④ 영업소의 폐쇄를 위한 간판제거 등의 조치

55 일반음식점의 모범업소의 지정기준이 아닌 것은?

① 화장실에 1회용 위생종이 또는 에어타월이 비치되어 있어야 한다.
② 종업원은 청결한 위생복을 입고 있어야 한다.
③ 주방에는 입식조리대가 설치되어 있어야 한다.
④ 1회용 물컵을 사용하여야 한다.

56 화학적 합성품의 심사에서 가장 중점을 두는 사항은?

① 영양가　　② 함량
③ 효력　　　④ 안전성

57 식품위생법상 식품이 아닌 것은?

① 두부　　　② 소주
③ 칵테일용 얼음　　④ 아스피린

58 식품등의 규격 및 기준에 규정되어 있는 표준 온도는?

① 15℃　　② 20℃
③ 25℃　　④ 10℃

59 식품위생법으로 정의한 "식품"이란?

① 모든 음식물
② 의약품을 제외한 모든 음식물
③ 담배 등의 기호식품과 모든 음식물
④ 포장용기와 모든 음식물

60 조리사 또는 영양사 면허의 취소처분을 받고 그 취소된 날부터 얼마의 기간이 경과되어야 면허를 받을 자격이 있는가?

① 1개월　　② 3개월
③ 6개월　　④ 1년

정답

1.②	2.④	3.①	4.①	5.④	6.③
7.②	8.④	9.①	10.④	11.③	12.③
13.②	14.④	15.③	16.③	17.①	18.④
19.①	20.④	21.③	22.③	23.④	24.④
25.①	26.①	27.②	28.②	29.②	30.④
31.②	32.②	33.④	34.①	35.④	36.④
37.③	38.③	39.④	40.②	41.②	42.③
43.②	44.③	45.①	46.②	47.②	48.②
49.①	50.④	51.③	52.②	53.④	54.①
55.④	56.④	57.②	58.②	59.②	60.④

똑똑 요리왕상

이름:

위 어린이는 요리의 재료준비부터 완성에 이르기까지의 과정 중 시간과 수의 개념을 잘 익혔고, 식품의 변화에 관한 탐구도 열심히 하였기에 이 상장을 수여합니다.

년   월   일

바른 식습관상

이름:

위 어린이는 요리활동을 통해

골고루 먹는 식습관을 익히고 즐거운

식사시간이 되도록 노력하였기에

이 상장을 수여합니다.

년   월   일

꼬마농부 요리왕상

이름:

위 어린이는 방울토마토와 콩나물을

매일 관찰하여 정성스럽게 키웠으며,

이 재료를 이용해 맛있는 요리를 완성하였기에

이 상장을 수여합니다.

년   월   일

더불어 요리왕상

이름 :

위 어린이는 요리활동을 통해

협동심을 배우고, 가족과 친구를 사랑하는 어린이로

성장하였기에 이 상장을 수여합니다.

년   월   일